JN439057

라인강의 초록나무

라인강의 초록나무

2018년 2월 20일 1판 1쇄 발행

지은이 | 유한나
발행인 | 이선우
펴낸곳 | 도서출판 선우미디어

등록 | 1997. 8. 7 제305-2014-000020
02643 서울시 동대문구 장한로12길 40, 101동 203호
☎ 2272-3351, 3352 팩스: 2272-5540
sunwoome@hanmail.net

값 12,000원

이 도서의 국립중앙도서관 출판예정도서목록(CIP)은 서지정보유통지원시스템 홈페이지(http://seoji.nl.go.kr)와 국가자료공동목록시스템(http://www.nl.go.kr/kolisnet)에서 이용하실 수 있습니다.(CIP제어번호: CIP2018005539)

※ 잘못된 책은 바꿔 드립니다.
※ 저자와의 협의하여 인지 생략합니다.

ISBN 978-89-5658-560-4 03810
ISBN 978-89-5658-561-1 05810(E-PUB)

라인강의 초록나무

유한나 수필집

선우미디어 sunwoomedia

세 자녀 레베카, 사무엘, 페터 (2017년 5월)

작가의 말

세 번째 수필집 발간 후 3년 가까이 된 세월 동안 많은 일이 일어났다.

2년 전 가을에는 예쁜 첫 손녀가 태어났다. 그해 겨울에는 집을 장만하여 새집으로 이사하였다. 그 이듬해는 독일에서 25년간 직장생활 하던 남편이 제2모작 인생을 시작하였다. 지난해 4월에는 최초로 유럽 거주 한인 15분의 창작 작품을 실은 ≪유럽한인문학≫ 창간호를 출간하였다. 지난해 가을에는 둘째 손녀가 태어났다. 독일에서 태어난 둘째아들은 어느덧 대학을 졸업하고 올해 석사과정을 마칠 예정이다. 어리게만 보였던 외동딸도 벌써 대학에 다니고 있다. 지난 3년 동안에도 셀 수 없이 많은 일이 일어났고 쌓인 이야기들이 많다.

하물며 30년이 넘는 세월, 그것도 모국이 아닌 외국에서 둘째와 셋째 아이를 낳고, 첫아들이 결혼하여 며느리와 손주들을 새 가족으로 얻은 인생의 중대사 등 그동안 겪은 일들, 사연을 글로 남기는 일은 내게 모국이 있는 가족들과 친구들과의 중요한 소통의 수단이 되었다. 그리고 무엇보다 내 삶에 대한 진솔한 기록을 통해 나 자신과 이웃을 돌아보는 성찰의 기회가 되었다. 결혼 3년 후에 독일에 왔는데 그 당시 만 두 살이던 아들이 벌써 세 아이의 아빠가 되었다. 결코 짧지 않은 세월, 강산이 세 번이나 변하는 오랜 세월을 살아온 이야기를 단편적이나마 나누고 싶은 마음이 들어 수필을 쓰기 시작하였다.

모아놓은 글을 책으로 묶을 때마다 너무 부족한 느낌이 들어 부끄러운 생각이 들곤 하지만, 내 삶의 한 부분을 나누고자 하는 마음으로 용기를 내어 이번에도 수필집을 내기로 하였다. 올해 만 85세 되시는 어머니는 설날이나 추석 등 가족이 함께 모이는 명절이면 늘 "독일에 사는 가족들이 함께하지 못해 아쉽다."고 메일이나 전화로 말씀하신다. 그러고 보니 31년이 넘는 세월을 독일에 살면서 한 번도 한국에 사는 가족들과 함께 설날을 쇠지 못하였다. 한국여행을 할 때 주로 봄이나 여름에 잠시 시간을 냈을 뿐이다. 올해는 설날에 맞추어 어머니와 세 동생 가족들, 친지를 찾아뵙고 인사를 드려야겠다. 이 수필집이 그동안 30년 넘게 첫 딸과 혹은 언니, 누나와 친척, 친구로 설날과 추석을 함께 쇠지 못하셨던 어머니와 가족, 이웃에게 작은 위로와 감사의 선물이 될 수 있기를 바란다.

첫 번째와 세 번째 수필집에 이어 이번에도 기쁘게 출판을 맡아주신 선우미디어 이선우 사장님에게 감사드린다. 그리고 지난해 독일에서 만 60세를 맞기까지 나와 가족을 위해 든든한 울타리가 되어준 남편에게 고마운 마음을 전한다. 내 부족한 글들을 읽고 격려해주었던 이웃들과 이 책을 읽는 모든 분에게 감사의 인사를 드린다.

2018년 1월

라인강이 유유히 흐르는 도시 독일 마인츠에서

유한나

차례

2부 여행에서 만난 역사 속의 인물과 예술문화유산

3부 책에서 읽는 역사와 현재, 그리고 미래

에필로그

1부

가족과 이웃의 정다운 울타리 안에서

첫 손자 사무엘 (2017년 12월)

둘째 손녀 엘리 첫돌 (2017년 10월)

첫 손녀 엠마 (2018년 2월)

라인강의 초록나무

초록은 자연의 색을 대표하는 색이다. 메마른 땅에 삐죽삐죽 머리를 내미는 초록 새싹들. 겨우내 죽은 듯 보이던 나뭇가지들이 푸르러지면서 초록 기운을 대지에 내뿜으면 봄의 기운, 생명의 기운이 온 세상에 꿈틀거린다. 끝이 잘 보이지 않을 것 같은 춥고 음산한 인생의 겨울을 지나는 동안에도 땅속, 나뭇가지 속에서는 끊임없이 싹을 내고 초록 잎을 피우기 위해 눈에 보이지 않는 씨앗의 눈물겨운 투쟁이 계속되듯이, 절망스러운 상황에서도 생명과 희망의 씨앗은 새로운 생명을 잉태시키기 위해 늘 꿈틀거리고 있다.

초록은 그래서 희망이고 새 생명을 선물하는 평화와 생명의 색이다. 숲에 가면 몸과 마음이 새롭게 태어나는 것 같은 느낌도 물론 숲이 내뿜는 신선한 기운 때문이기도 하겠지만, 숲을 이루는 나무와 풀이 입고 있는 초록색이 주는 마음의 평화와 안정감 때문일 것이다.

독일에 30년 이상 살면서 어느새 이십 대 청춘을 다 보내고 이제는 할아버지, 아빠, 손자 3대 가족이 라인강변에 살고 있다. 만 네 살에 독일에 왔던 첫아들은 어느새 만 34살이 된다. 연년생으로 만 세 살, 두 살, 한 살짜리 손자, 손녀들이 태어나면서 마치 초록 새싹들이 삐죽삐죽 고개를 내밀고 새봄이 온 것을 알리듯, 고령화되고 있는 독일과 유럽의 초록 새싹들, 초록 나무로 자라고 있는 느낌이다. 이들 초록 새싹들이 무럭무럭 자라서 잎을 피우고 가지를 뻗고 열매를 맺어서 이웃들에게 맑은 공기와 향기롭고 먹음직한 열매를 선물하고, 공중의 새들이 날아와 깃들이는 희망의 큰 초록 나무들로 자라기를 소망한다. 이혼한 가정이나 부모와 이웃 사랑의 결핍 속에서 자란 많은 청소년과 마음의 상처를 입고 외롭게 혼자만의 삶을 사는 독일과 유럽의 많은 젊은이가 우리의 초록 나무들이 뿜는 초록 기운, 생명의 기운을 얻고 그 그늘에서 쉼을 얻도록 그들의 좋은 친구, 좋은 이웃들로 자라길 기도하는 마음이다.

나도 그들의 성장을 곁에서 지켜보며 푸릇푸릇 자라는 생명과 성장의 색인 초록 생명이 담긴 글, 초록 희망을 품은 글을 쓰고 싶다. 초록 물이 뚝뚝 떨어지는 듯한 신선한 감동과 풋풋한 용기를 주는 글을 쓰고 싶다. 그러한 초록 글이 실린 편지를 내 사랑하는 가족과 이웃, 친구들에게 띄우고 싶다.

초록 씨앗이 들어있는 꽃 봉투를 사랑하는 이웃에게 나누어주듯, 진실과 사랑을 품은 생명의 씨앗이 담긴 편지를 띄우고 싶다. 젊은 이십 대에 헤어져 지금은 서로 다른 대륙에 사는 하나밖에 없는 여동생을 비롯한 형제들, 그리고 큰 나무 같으신 나의 어머니에게 사랑의 사연을 담은 초록 편지를 라인강에서 띄우고 싶다. 편지는 마음과 마음을 이어주는 사랑의 다리 아닌가! 외로운 마음에 행복감을 안겨주는 꽃향기 아닌가! 오늘도 라인강의 초록 나무들은 라인강변의 생명수를 뿌리로 끌어올리며 끊임없이 생명의 싹을 피우고 가지를 뻗고 있다.

(2018년 2월)

바람 불던 날

딸아이가 여행을 떠났다가 집으로 돌아오던 날, 비어놓았던 방을 청소하다가 문 밖에서 쿠션의 먼지를 털어내고 있었다. 하필 그 순간, 바람이 속도를 내며 달려오는가 싶더니 열어놓았던 문이 '쿵' 소리를 내며 닫혀버렸다. '이런! 할 수 없이 남편이 퇴근하여 집에 돌아올 때까지 기다리는 수밖에 없네.' 생각하면서 정원에서 잔디를 깎으며 남편이 돌아오기를 기다렸다. 독일에서는 주로 정원이 집 뒤쪽에 있고, 집안으로 들어오는 현관문이 곧 대문인 경우가 많다. 우리 집은 정원으로 들어가는 작은 쪽문이 집 바깥쪽에 있어서 항상 열어놓는 그 쪽문으로 정원으로 들어갈 수 있었다.

십 분쯤 지났을까? 정원에서 나와 보니 집 앞에 남편의 자동차가 세워져 있었고, 그 앞에서 남편이 난감한 얼굴을 하고 있었다.

그날따라 남편도 마침 퇴근길에 빵이며 우유, 화장지 등 슈퍼마켓에서 장을 보아온 물건들을 자동차에서 꺼내 집안으로 들여놓다가 열쇠를 가지지 않은 채 바람에 문이 닫혀버린 것이다.

어떻게 열쇠 없이 집안에 다시 들어갈 수 있을까? 집 바깥에서 남편과 나는 집을 위아래, 옆과 뒤로 둘러보면서 집안으로 들어갈 만한 곳을 여기저기 찾아보았다. 바로 대문 왼쪽 벽에 달려있는 부엌 창문은 손잡이를 위로 꺾어 위쪽으로만 열려 있었지만 팔을 넣어 손잡이를 열 수 있는 정도로 넓은 틈은 아니었다. 대문 오른쪽 담벽에 달려있는 화장실 창문도 위쪽으로 열려 있었지만 너무 작아서 들어갈 수 없었다. 그때 마침 방 청소 중이어서 열어놓았던 2층 안방 창문이 집 바깥에서 눈에 띄었다. 그러나 그 창문으로 들어가려면 담벽에 사다리를 놓고 올라가야 했다.

남편은 이웃집 할아버지에게 달려가 사정을 말하였다. 옛날 치과 의사였던 은발의 독일인 할아버지가 사다리를 옆구리에 낀 채로 끌고 오셨다. 그러나 그 사다리는 2층 창문까지 닿지 않아서 그는 다시 사다리를 끌고 집으로 가지고 갔다. 다섯 채의 집이 줄지어 세워져 있는 주택가에서 우리 집은 제일 끝 집인데 아직 퇴근해 돌아오지 않은 한 집만 빼고 각 집의 남자들이 모두 우리 집 앞에 모여 이 문제를 같이 해결하려고 머리를 짜내고 있었다.

우리 집 바로 옆집에 사는 청년에게 혹시 우리 집 앞에 있는 연장을 넣어두는 작은 집 지붕을 타고 대문 위 지붕으로 올라가 창문으로 들어가는 방법이 없겠는가 물었더니, 올망졸망 네 명의 어린 자녀를 가진 키 큰 이웃집 아저씨가 옆에서 듣고 있다가 그것은 위험한 일이라고 머리를 흔들었다. 다시 그 청년에게 그렇다면 그의 집 뒤쪽 지붕으로 올라가 우리 집 2층 건넌방 창문으로 들어올 수 없겠는가 물어보았다. 마침 그 방도 청소 중이어서 활짝 열어놓았던 터였다. 그는 조용히 그의 집으로 들어가더니 2층 자기의 방 창문으로 나와서 그의 집 지붕과 연결되어 있는 우리 집 지붕 위를 고양이처럼 조심조심 두 손과 두 발로 걸어서 우리 방 창문을 타고 들어갔다. 우리는 집 뒤쪽에서 그가 우리 집 창문으로 들어가는 것을 보고 재빨리 집 앞쪽으로 돌아왔다. 그 청년이 우리 집 문을 열고 밖으로 나오자, 모여있던 이웃 아저씨들과 남편과 나는 "와!" 하며 어린 아이들처럼 환호성을 질렀다. 그 청년은 사명을 완성한 듯 뿌듯한 모습으로 자기 집으로 들어갔다.

이전에도 열쇠 없이 외출하였다가 집 대문을 열 수가 없어서 할 수 없이 열쇠 서비스센터에 전화를 한 적이 있었다. 열쇠 수리공이 와서 문을 금방 다시 열었지만 마침 그날이 근무를 하지 않는 토요일, 주말이라 평일 수리비보다 훨씬 많은 거금 200유로를 지불해야 했다. 200유로이면 한국 원화로 거의 25만원에서 30만원정도인데 문을 다시 여는데 5분에서 10분밖에 걸리지 않는데 인건비가 비싼 독일이라고는 하지만 너무 비싸다는 생각이 들었다. 그러나 열쇠가 없으면 집에 들어갈 수 없으니 울며 겨자 먹기로 거금을 들여서라도 다시 문을 열어야 했다.

오래 전에 살던 집에서도 모든 식구가 손님을 배웅한다고 잠시 문밖에 나왔다가 바람이 불어서 문이 닫힌 적이 있었다. 그때는 열쇠수리공을 부르는 것을 알지 못하던, 독일에 산 지 얼마 되지 않은 때라 '어떻게 문을 열까?' 머리를 맞대고 고심하다가 소방서에 전화를 하여 소방차가 앵앵거리며 달려와 소방관들이 사다리로 창문을 열고 들어가 문을 연 적도 있었다.

외출하기 위하여 집을 나설 때 항상 챙기는 것이 집 열쇠와 핸드폰, 지갑이다. 급히 집을 나설 때는 가방에 열쇠가 들어있는 줄 알고 나갔다가 집에 벗어두고 온 잠바 안에 열쇠가 있는 경우도 있어 집밖에서 남편이나 딸아이가 돌아올 때까지 몇 시간을 기다려야 한 적도 있었다.

열쇠가 있어야 문을 열고 집안에 들어와 쉼을 가지고 가족과 교제를 가지듯, 사람의 마음 문을 여는 것도 열쇠가 필요하다는 생각을 할 때가 종종 있다. 닫힌 문을 열려면 열쇠가 필요하고, 그것도 아무 열쇠나 되는 것이 아니라 그 문에 맞는 열쇠가 필요하듯, 다른 사람의 마음 문을 열려면 그 마음 문에 맞는 열쇠가 있어야 한다. 그 마음의 열쇠는 바로 그 사람을 이해하고 사랑하는 마음일 것이다. 문이 열리지 않는다고 문을 주먹으로 힘껏 두드리거나 망치로 부수거나 때린다면 비록 문은 당장 열 수 있을지 몰라도 문이 상하게 되고 그 상한 문을 바라보는 나의 마음도 상하게 된다. 상대방의 마음 문을 열고 그와 더불어 지내기 위해서는 그의 마음 문에 맞는 마음의 열쇠를 가지고 열어야 한다. 어린 자녀들이나 하나 밖에 없는 소중한 남편이나 아내, 친구들이나 이웃 등 여러 종류의 사람의 마음을 열려면 그들을 사랑하는 마음의 열쇠를 늘 가지고 다니는 자가 되어야 하리라. 나도 내 주위 이웃들의 마음 문이 닫혀 있을 때 그 마음 문에 맞는 열쇠로 열 수 있는 사랑의 열쇠 전문가가 되도록 부지런히 마음을 넓히고 사랑의 깊이를 배우는 실습과 단련을 받으며 살아야겠다는 생각이 들었다.

(<한국수필> 2015년 9월호)

결혼은 플러스

올해 결혼 33주년을 맞았다. 자녀들과 친구들이 모여 함께 점심을 먹은 후, 큰며느리가 정성스럽게 '33'숫자를 새겨서 만들어 준 케이크를 자르며 감회가 깊었다.

결혼한 지 2년 되던 해, 남편은 당시 만 한 살인 첫아들과 나를 남겨두고 먼저 독일로 떠났다. 일 년 후에 내가 독일로 떠났고, 큰아들은 시부모님이 맡아 2년 동안 키우시다가 만 네 살에 독일에 있는 우리 품으로 왔다. 그 아들이 이제 벌써 결혼을 하여 아들, 딸을 둔 아빠가 되었고 올해 결혼 3주년을 맞는다. 내가 만 27살에 독일에 왔는데 큰아들이 만 32살이 되었고 독일에서 태어난 둘째아들이 이제 곧 만 27살이 된다. 내가 독일에 왔던 그 나이를 다섯 살이나 훌쩍 넘어선 큰아들, 우리 가족이 된 큰며느리, 그리고 독일에서 태어나 그때 내 나이가 되도록 자란 둘째아들,

대학생이 된 딸아이, 만 두 살이 넘은 첫손자와 6개월 된 첫손녀. 지난 33년 동안 결혼을 통해 얻은 귀한 생명의 열매들이다. 우리 부부는 세 자녀를 낳았지만, 아들이 결혼하니 새 식구가 생겨서 두 배로 늘어났다.

30년 전, 칠순이 넘은 연로하신 부모님과 정든 가족, 친구들을 떠나오며 남편은 '언제 다시 돌아올 수 있을까?' 하는 생각에 비행기 안에서 주체할 수 없이 눈물을 흘렸다고 하였다. 만 28살 청년으로 독일에 왔던 그도 이제 머리가 희끗희끗해지고 손자, 손녀의 재롱에 함박웃음을 짓는 할아버지가 되었다. 이제 모국에서 살았던 날보다 독일에서 약 3년을 더 오래 살았다. 그리고 3대가 독일에서 살고 있다.

결혼이란 무엇일까? 두 젊은이가 만나 사랑이라는 이름으로 하나 되어 결혼하여 가정을 이루고 가정에서 생명의 열매가 맺힌다. 결혼은 인간의 대사 중의 대사라는 말이 결코 지나침이 없다. 결혼하여 부부가 행복하게 살고 자녀들을 사랑하고 키우는 일은 천국을 맛보게 하는 기쁨을 준다. 그러나 성년이 되어 결혼에까지 이른 부부들이 모두 행복한 가정생활을 하는 것이 아니라는 것을 우리 주위에서 심심찮게 볼 수 있다. 자라온 성장 배경과 성격과 더불어 치약을 위쪽 혹은 아래쪽부터 짜는가 하는 작은 습관까지 달라서 마찰을 빚고 다툼과 언쟁으로 서로의 마음에 상처를 입히기 일쑤다. 그러면서 양보나 용서, 관용, 희생, 배려 등 참사랑이 무엇인가를 배우며 각각 성숙한 인격으로 성장하고 성숙한 가정으로 익어간다.

요즘은 한국에 미혼자가 아닌 비혼자가 많다고 한다. 마땅한 배우자감을 찾지 못하였거나 경제적인 이유로 결혼하지 않고 사는 싱글족들이 많다고 들었다. 친척 중의 한 분도 장남이자 외아들이 결혼하지 않고 혼자 살겠다고 하여서 수년간 마음고생을 하시다가 싱글족에 대한 책까지 읽고 어느 정도 이해와 수긍을 하시게 되었다고 하셨다. 성인이 된 아들의 의견을 존중해주기로 하신 것이리라.

아직 미혼인 십대 청년들과 결혼한 지 30년 가까이 되는 부부들이 모인 모임에서 결혼에 대한 이야기를 나누게 되었다. 한 부인이 결혼 생활에 대한 소견을 묻는 물음에 "결혼은 십자가이지요." 라는 짧은 대답을 하였다. 결혼 생활을 통해 남편을 섬기고 자녀를 키우는 희생이 따라야 하고 시댁 식구들까지 챙겨야 하는 경우도 적지 않게 있으니 결혼 생활은 당연히 여성들에게 많은 십자가가 따른다. 부인의 대답을 받아 옆에 앉아 있던 남편의 말이 걸작이었다. "십자가는 플러스이지요." 그의 유머 섞인 대답에 모여 앉아있던 사람들은 모두 웃음을 터뜨렸다. 결혼은 십자가이며 십자가는 플러스(+) 모양을 하고 있다.

한 사람으로 머물면 한 사람으로 끝나게 되지만 한 사람과 또 한 사람이 만나 한 가정을 이루면 자녀들과 손자 손녀들, 그 후손들이 태어나면서 플러스의 삶을 이루게 되지 않는가! 그리고 부부의 삶도 플러스가 되면서 삶의 내용이 풍성하여진다. '나보다 더 나은 반쪽'을 만나서 성숙한 한 인격체로 성장할 수 있다. 마치 괴테가 그의 시 〈은행잎〉에서 노래하였던 '둘이면서 하나'인 은행나뭇잎처럼 두 인격체가 만나 성숙한 하나의 인격체로 성장해나가며 향기로운 생명의 열매, 사랑의 열매를 맺는 가정 나무로 키를 키우게 된다.

결혼하여 나와 다른 성격과 취향을 가진 남편과 맞추느라 티격태격하기도 하고 뾰로통해진 적도 있고, 어느 때는 자존심이 상하여 울기도 하였지만 삼십 년이라는 세월을 함께 울고 웃으며 지내고 보니 이제 어느덧 손자 손녀들이 귀염둥이로 자라고 있다. 논리적이고 이성적인 남편과 감성적인 내가 어떻게 한 가정을 이루며 삼십 년이 넘는 세월을 같이 할 수 있었을까? 팔순이 되신 친정어머니는 3년 전, 우리의 결혼 30주년에 '두 사람 모두 사랑으로 헌신하며 서로 배려, 존중, 인내한 아름답고 장한 인생 동반자의 30년 완주에 아낌없는 박수를 보낸다'는 내용으로 축하 메일을 보내주셨다.

이제 한창 결혼 상대를 찾으며 결혼에 관해 호기심과 관심이 많은 딸아이와 둘째아들이 각각 그들보다 더 나은 반쪽을 만나 행복한 결혼을 하게 되기를 기도하며 우리 결혼 33주년에 세 자녀와 며느리에게 메일을 보냈다. '아빠, 엄마가 너희를 매우 사랑하고 너희는 하늘이 우리에게 내리신 최고의 축복이며 선물'이었다고. 그러고 보니, 아직 남편에게 보낼 메일이 남았다. 33년 세월 동안 나의 여러 부족함, 약점 감싸주고 함께 격려하며 살아주어 고맙다고, 그리고 앞으로 남은 날 동안 더욱 존중과 배려와 사랑으로 가정 나무를 아름답게 가꾸어 키워서 '결혼은 플러스'라는 말을 자녀들과 후손들에게 해주자고….

(<그린에세이> 2016년 7.8월호)

스트레스 없는 이사

4년 만에 새집으로 이사를 하게 되었다. 그동안 높은 월세로 내던 집에 살면서 언젠가 내 집을 마련하리라 생각하고 있던 차에 마침 적당한 집을 구하게 되어 은행 융자를 내어 새집을 샀다.

독일에서 삼십 년 동안 살면서 대여섯 번 정도 이사를 하였지만, 지금까지 주위 친구들의 도움으로 이사를 하였다. 그런데 이번에는 주위의 젊은 이웃들이나 세 자녀가 도와준다고 하더라도 오십 대 중반에 들어선 우리 부부가 그들과 함께 무거운 가구들이나 짐을 들어 옮기기도 어려웠고, 그나마 온종일 직장생활을 하는 남편이 이삿짐을 쌀 시간도 없는 터라 모처럼 큰마음 먹고 거금 1천 유로를 들여 이삿짐센터에 이사를 맡기기로 하였다. 그동안 말로만 들었던 포장 이사를 하기로 한 것이다. 남편은 인터넷에서 몇 군데 이삿짐센터를 선택해서 그 중 저렴하고 친절하게 메일을 보내온 한 군데 회사를 결정하여 이사 날짜와 시간을 약속하였다. 남편은 그 이삿짐센터 홈페이지 상단에 "스트레스 없는 이사를 원하십니까? 당신을 위해 우리 회사가 있습니다."라는 말에 끌려 그 회사를 선택했다고 하였다.

이사 예정일, 토요일 아침

아침 8시에 이사를 하기로 한 토요일 아침 7시 반경. 남편의 핸드폰이 부웅 울리며 문자가 떴다. "화물차 사고. 운전기사 다침. 이사 날짜를 월요일로 연기하게 되었음." 예상치 못했던 갑작스러운 문자에 남편은 순간 할 말을 잊고 핸드폰 문자만 망연히 쳐다보고 있었다. 이어서 핸드폰에 뜬 이삿짐센터에서 보내온 긴 메일을 읽고 남편은 "거짓말은 아닌 것 같아. 다른 차가 이삿짐 화물차를 들이받아 이삿짐센터 사장이 다쳤고 그 팀도 이 일로 모두 충격을 받았다고 쓰여 있어. 월요일로 이사 날짜를 미루는 대신에 커튼을 다는 일 등, 이사한 새집에 필요한 8시간에 해당하는 일을 대신 해주겠다고 하네."

그 날 이사를 도와주러 오기로 한 몇 친구들에게 우리 집에 올 필요가 없다고 전화와 문자로 알려주어야 했다. 가까운 이웃에게 이 소식을 전화로 알리자 "그 사람들 정신 나간 사람들 아니에요?" 하며 어이없다는 반응을 보였다. 이삿짐센터에서 이사 날짜를 그렇게 당일에 갑자기 연기하는 일은 100분의 1 정도에 해당하는 확률이라고 볼 수 있을까? 그것도 신용을 최우선으로 여기는 나라인 독일에서 말이다.

다음 주 월요일 아침

토요일 이메일에는 월요일 8시에 화물차를 빌려서 8시 45분경 도착할 예정이라고 했는데 남편이 월요일 아침에 전화를 해보니, 9시에 화물차를 빌리게 되어 9시 반경 도착 예정이라고 했다. 그러나 그들은 낮 11시가 되어도 오지 않았고 전화 연락도 되지 않았다. 연기된 이사를 위해 일요일 저녁에 회사 동료에게 전화로 사정을 알려 월요일 오전 반나절을 직장 휴가를 냈던 남편이 문밖에 서성거리며 그들이 오기를 기다렸다. 그러다 기다리기에 지친 남편이 마침내 이삿짐센터에 직접 가보겠다고 자동차에 올랐다. 남편 혼자 그 회사에 가는 것이 마음에 걸려 마침 이사 일을 도와주러 왔던 며느리에게 같이 가보도록 하였다. 그래도 두 명이 가보는 것이 확실한 상황 판단에 좋을 것 같아서였다. 며느리는 달리는 자동차 안에서 남편에게 "아버님, 틀림없이 이삿짐센터에 사기 당하신 거에요. 지금이라도 다른 이삿짐센터를 알아보아 이삿짐을 옮겨야 할 것 같아요."라고 말했다고 남편은 후에 내게 말해주었다.

집에 돌아온 남편은 "이삿짐 회사 사무실에 가서 독일인 사무직원을 만났는데 사고가 정말 일어났다고 하면서 아주 많이 미안해 하였어. 그리고 이삿짐 일군들이 차를 빌려서 낮 12시 50분경 도착할 것이라고 말했어." 하면서 뒷일을 내게 맡기고 직장으로 출근하였다. 낮 2시경에야 초인종이 울려 나가보니 드디어 세 사람이 이삿짐을 싸러 집에 도착하였다. 본래 70개 상자를 가져와서 짐을 포장해주기로 했는데 한 상자도 들고 오지 않아서 상자를 가져왔냐고 물어보자 그제야 상점에 가서 30개를 사가지고 왔다. 시간을 절약하기 위해 내가 직접 포장을 하여야 했다. 그들은 먼저 옷장과 서랍장, 책장 등 무거운 가구들이 상하지 않도록 천으로 각각 두르고 비닐로 포장하여 거실에 모두 차곡차곡 세워놓았다. 이삿짐 화물차가 집 앞에 도착한 것은 저녁 7시경. 두 사람이 화물차를 몰고 와서 거실에 세워두었던 가구들을 먼저 싣기 시작하였다. 네다섯 사람이 화물차를 몰고 와서 함께 이삿짐을 싸주고 나서 같이 운반하는 것으로 예상하였는데 먼저 세 사람이 와서 부엌 찬장, 옷장 등을 조립하여 풀고 가구들을 들어 내리고 난 후에야 뒤늦게 두 사람이 화물차를 몰고 온 것이었다. 아마 시간당 화물차 대여금을 지급해야 하기 때문에 짐 실을 시간에 맞추어 화물차를 빌려 온 것으로 보였다. 그 날 새집으로 이사를 마친 시간은 밤 12시 반경. 우리 부부 침대와 딸아이 침대를 조립하여 만들어 주고 다음 날 저녁 때 다시 와서 아직 거실과 지하실에 남아있는 소파, 책장, 장식장, 세탁기 등 짐들을 실어 주기로 하고 그들은 떠났다.

화요일 저녁까지 아무 연락이 없어 남편이 이삿짐센터 일꾼에게 전화를 거니 "우리가 언제 올지 먼저 전화로 알려주겠다."는 말을 끝으로 감감무소식이었다. 본래 수요일 저녁에 주인에게 열쇠와 함께 빈집을 인계하기로 하였는데 할 수 없이 금요일로 연기하자고 주인에게 이메일을 보낸 남편은 이삿짐센터에 빈집을 집주인에게 인계해야 한다는 메일을 보냈다. 그러나 아무 답장이 없자 답답해진 남편은 수요일, 프랑크푸르트 직장 점심시간을 이용하여 직접 마인츠 근처에 있는 이삿짐 회사로 가보았다. 닫혀져 있는 이삿짐센터 사무실 문을 여러 번 두드려도 아무 반응이 없자 남편은 그 이웃집 초인종을 눌러 나온 이웃집 사람에게 "옆집이 이삿짐센터가 맞나요? " 하고 묻자 그는 "인터넷과 전화 사용비를 지불하지 않았는지 독일 텔레콤 회사에서도 독촉 방문이 있었어요"라고 말해 주었다고 하였다.

직장으로 되돌아간 남편에게 이삿짐센터에서 "이번 주 금요일에 남은 이사를 해주겠다."는 답장 메일이 왔다고 하였다. 아마 문 두들기는 소리를 듣고 또 메일을 읽고 답장을 보낸 것 같다고 남편은 말해주었다. 그러나 벌써 몇 번씩 약속을 지키지 않았던 그들을 떠올리며 만일 금요일 아침에도 약속을 어기고 오지 않는다면? 하고 내 마음에 의심이 생겼다. 다른 이삿짐센터를 알아보아야 하지 않을까 싶었다. 이사비용을 선불할 경우에 200유로 할인해준다는 말에 남편이 순진하게도 먼저 이사비용을 완불하는 것이 아니었는데 하는 생각이 계속 들었다.

목요일 아침

직장 출근하던 남편이 내게 전화를 하였다. 출근길에 이삿짐 일꾼들 전화를 받았는데 그날 목요일 아침 9시에 남은 이삿짐을 실어주겠다고 하니 이전 집으로 가 보란다. 그들이 오지 않을 경우에 여차하면 거실에 남아있던 소파나 장식장 등을 그냥 집 앞에 버려서 쓰레기차가 와서 가져가도록 해야 하지 않을까 하는 생각까지 하던 차라 그래도 남은 짐을 가지고 올 수 있다는 안도감에 부랴부랴 이전 집으로 향하는 버스를 타고 갔다. 9시 20분경, 지난 월요일에 짐을 날랐던 다섯 사람 중 두 사람이 도착하였다. 거실에 남아있던 소파, 장식장, 책장, 지하실에 놓여있던 세탁기까지 모두 실어 새집으로 떠나 짐을 옮기니 오후 1시경. 드디어 이사를 마친 것이다.

독일에서는 있을 수 없고 일어날 수 없는 일을 이번 이사에서 체험하였다. 그들 자신도 이번 이사가 엉망으로 진행되었다고 말하면서 그 전날 수요일에도 밤새 다른 이사 일을 하였다고 하였다.

그들에게 몇 살이냐고 물어보았다. 폴란드에서 왔다는 운전하던 이는 서른일곱 살로 외아들이 아홉 살이라면서 지갑에 넣어두었던 아들 사진을 꺼내 보여주었다. 독일에 온 지는 18년이 된단다. 그 옆에 앉아있던 이는 서른다섯 살이라고 하며 독일에 온 지 이제 1년 8개월이라고 말하였다. 그는 아직 독일어에 서툰지 가끔 영어로 말하곤 하였다.

목요일 저녁

금요일 아침 9시 30분에 집주인과 만나 옛집을 비워주고 열쇠를 반납하기로 하였다. 남편은 다시 금요일 하루를 휴가를 내었다. 본래 그들이 메일로 금요일에 이삿짐을 옮기겠다고 했었기에 휴가를 냈던 것이다. 목요일 저녁 7시경 이사를 마친 옛집에 가서 여기저기 흩어져 있던 남은 쓰레기들을 치우고 진공청소기로 천정 먼지를 제거하고 물걸레질로 청소를 깨끗이 하였다. 지하에 있는 방과 세탁실 등을 청소하고 나니 밤 10시경. 큰아들이 현관과 거실, 욕실을 맡아 청소해주어 밤 11시가 넘어 남편과 아들과 나는 청소 작업을 마치고 옛집을 떠났다.

지난 4년간 이 집에 사는 동안 많은 대사를 치렀다. 큰아들이 결혼하였고, 둘째아들이 대학을 졸업하였고, 외동딸이 고등학교를 졸업하였다. 첫 손자 결혼식에 참석하시려고 독일에 오셨던 팔순이 넘으신 친정어머니가 거의 한 달 동안 지내셨고, 첫 손녀가 태어나 독일에 오신 안사돈도 이사하기 전까지 한 달 넘게 이 집에 묵으셨다. 지난해에는 한국에서 국제 컨퍼런스 참석자 한국, 미국, 브라질, 중국 등지에서 독일로 여행을 왔던 50여 명의 손님이 우리 거실과 방을 채우며 묵어가기도 하였다. 그리고 25년 이상 독일인 친구였던 Barbara를 하늘나라에 보내는 한숨과 슬픔의 시간을 보냈던 집이기도 하였다.

크고 작은 일들과 기쁘고 슬픈 추억을 간직한 빈집을 주인에게 넘겨주고 이제 새 보금자리에 삶의 둥지를 틀었다. 새집에서 앞으로 둘째아들과 외동딸을 결혼시키고 손자 손녀들이 놀러 와서 넓은 거실에서 뛰놀며 무럭무럭 이주자 3세들로 자라나는 장면을 그려본다.

스트레스 없는 이사를 꿈꾸던 남편이 가장 많은 스트레스를 받았던 이사를 드디어 마쳤다. 보통 하루 만에 마치는 이사를 이사 예정일이었던 토요일부터 계산하여 목요일까지 장장 엿새가 걸려서 마친 것이다. 남편은 스트레스 없는 이사를 하려다가 일만 유로 정도의 스트레스를 받은 것 같다고 말하였다. 이제 쌓여있는 이삿짐 상자들을 부지런히 풀고 짐들을 정리하여 새집에서 스트레스 없는 생활을 하도록 쾌적한 새 환경을 마련해주어야겠다. 그러려면 오래되어 옷장 두 개와 신발장을 버리고 이사하느라 당장 새 옷장과 새 신발장이 필요한데 남편이 또 스트레스 받겠네…. 스트레스 없는 이사가 있기는 있는 것일까?

(2015년 12월)

흔들다리

딸이 만 21세 생일을 맞게 되었다. 두 아들 다음에 태어난 딸이라 늘 막둥이 같고 어린아이 같았던 딸이 어느덧 대학생이 된 것이 신기하고 대견한 생각이 들었다. 대학생활 시작 후 맞는 첫 생일에 무엇을 원하는지 물어보니, 이번 생일에는 여느 때처럼 집에서 생일을 보내는 것보다 어디론가 낯선 곳을 구경하러 가면 좋겠다고 하였다. 그리곤 그녀가 아직 가보지 못하였던 네덜란드의 암스테르담, 프랑스의 파리 등을 입에 올렸다. 그러나 당일에 떠나 그날 저녁때에 돌아와야 하는 짧은 일정이라 남편의 추천으로 결국 우리가 사는 마인츠에서 한 시간 정도 떨어진 곳에 가기로 하였다.

나는 모처럼 딸과 함께 생일 여행을 하는데 기껏 인접 소도시로 떠나는 것이 탐탁지 않았으나 남편은 "가보면 후회하지 않을 거야."라고 장담하였다. 딸은 가까이 사는 그녀의 친한 친구를 이 생일 여행에 초대하여 우리는 그날 아침 10시경 드라이브 여행을 떠났다. 자동차 페달을 밟는 남편에게 어떻게 그곳을 알았느냐고 물었더니 며칠 전 독일 신문에 가족과 가볼 만한 곳으로 추천된 장소로 실렸다고 말해주었다. 독일에서 가장 긴 360m 길이의 흔들다리로, 완공된 지 채 다섯 달밖에 되지 않았는데 벌써 십 만여 명이 다녀갔단다.

목적지에 도착하였다는 내비게이션 안내말에 남편이 시동을 끄고 주차하니, 벌써 가족들이거나 친구들이 자동차에서 내려서 끼리끼리 무리를 지어 그곳으로 걸어가고 있었다. 쾌청한 파란 하늘과 뭉게구름이 손을 뻗으면 닿을 듯 가깝게 보이는 너른 들판을 지나 숲이 보이는 길을 십 분 정도 걸어가니 사람들이 웅성거리며 모여 있었다. 눈앞에 보이는 둔덕에 몇 개의 벤치가 있었고 앉아 있는 사람, 서 있는 사람, 다리를 건너고 있는 사람 등 수십 명이 눈에 띄었다.

고소공포증이 있는 나는 100m 아래를 내려다보면서 남편과 딸, 그리고 딸의 친구가 건너는 것을 벤치에 앉아 구경만 하기로 작정하고 있었다. 다리 입구에서 각자 독사진, 부부 사진, 딸과 친구 사진을 찍으며 한껏 기분을 낸 후, 난 남편에게 흔들다리를 건너지 않겠노라고 말하면서 벤치에 걸터앉았다. 그런데 혼자 다리를 건너가던 남편이 얼마 안 되어 한 손을 이마에 얹은 채 어지러워서 쓰러질 것 같다고 하며 되돌아오는 것이 아닌가. 딸과 그 친구도 다리를 잠시 건너가다가 더 못 건너가겠다고 되돌아왔다. 독일에서 가장 긴 흔들다리를 건너가겠다고 자동차로 거의 한 시간 거리를 타고 왔는데 네 명 모두 건너지 못하고 그냥 집으로 돌아가기 일보 직전이었다.

순간, 난 위기의식을 느꼈다. 이대로 모두 전멸할 수 없다는 생각이 들었다. 흔들다리 앞에서 무섭다고 되돌아오는 부모에게서 딸아이가 무엇을 배울 수 있겠는가 하는 생각이 들었다. 혹시 긴 바지 끝단에 걸려 다리 난간에서 넘어질지도 모르니 바지 끝단을 조금 위로 걷어 올렸다. 그리고 용감하게 흔들다리를 향하여 씩씩하게 걸어 나가 다리를 건너기 시작하였다. 벤치에 앉아있겠다고 하던 아내가 갑자기 일어나 용감하게 앞장서니, 어지럽다고 하던 남편이 어느새 내 뒤를 따라 걸어오기 시작하였다. 내가 건너가자 딸아이도 나를 앞서 걸어가기 시작하였다. 딸 친구도 따라 나서며 내 앞으로 걸어갔다.

난 속 두려움을 물리치려고 애써 아래는 내려다보지 않고 앞서 가는 딸아이 친구의 운동화 뒤축에 시선을 고정하고 한 걸음 한 걸음 정성을 다하여 걸어 나갔다. 조심조심 걸어가는데 반대쪽에서 다리를 건너갔다가 다시 돌아오는 사람 중에는 부모님을 따라

다리를 건너갔다 오는 아이들도 여러 명 보였다. 좀 쉬기도 할 겸 그 아이들이 몇 살인지 궁금하여 매번 내 옆을 지나가는 아이를 불러 "얘! 넌 몇 살이니?" 하고 물었다. 아홉 살 아이가 두 명, 여덟 살, 여섯 살 여자아이들이었고, 다섯 살 꼬마 소년도 있었다. 겁도 없이 흔들다리를 잘 건너는 다섯 살 꼬마에게 "무섭지 않니?" 하고 물었더니 똑똑한 목소리로 "안 무서워요." 하며 고개를 흔든다. "너, 아주 용감하구나!" 하고 칭찬을 해주었더니 옆에 서 있던 독일인 부모가 함박웃음을 웃으며 좋아하였다. '이렇게 어린 아이들도 건너는데…' 하며 용기를 내어 다시 앞을 향해 걸어 나갔다.

어느덧 360m를 완주하고서야 큰 숨을 들이켰다. 다리를 건너온 남편에게 물어보았다. "어지러워 쓰러지겠다고 하시더니…" 하고 물었더니 멋쩍어하며 "아내가 건너는데 내가 건너야지." 하고 대답하였다. 딸도 '엄마가 건너가신다면 나도 건너야지.'라는 생각이 들었단다. 평소에 엄마가 자기보다 약하다고 생각했다는 것인지…. 딸 친구도 "두려움을 극복하는 담력을 배웠어요."라고 말하였다.

평소에 아기를 잘 돌봐준 시누이에 대해 고마운 마음으로 며느리가 정성껏 차려준 생일 저녁 식탁에서 우리는 그날의 생일 여행 이야기로 웃음꽃을 피우는 행복한 시간을 가졌다. 중간에 흔들다리 건너는 것을 모두 포기하고 돌아왔을 때 혼자 용감하게 적진을 향하여 돌진했던 내가 어느새 그날 모험담의 영웅이 되어버렸다. 그래, 인생은 모험이며 도전이지. 흔들다리같이 삶의 궤도가 흔들릴 때 그 앞에 서서 두려워하거나 중간에 멈춰 서지 말고 용감하게 목표를 향해 완주하는 거야.

(<그린에세이> 2016년 5.6월호)

탄생의 기적

세상에 살아가면서 체험하는 가장 큰 환희의 순간은 한 생명이 탄생하는 순간이 아닐까? 한 알의 씨앗을 땅에 심은 후, 얼마 동안이 지나 꽃봉오리가 맺힐 때도 신기하고 기쁜데 하물며 만물의 영장이라는 사람이 태어날 때 어떠하랴? 주위 가족 친지들의 축하를 받고 부모와 함께 큰 기쁨을 함께 누리는 인간사의 대사 중의 하나가 새 생명의 탄생이다.

결혼하여 32년이 넘는 긴 세월 동안 세 자녀를 낳아 키우며 많은 웃음과 기쁨을 맛보았다. 그들의 천진난만한 모습과 행동이 우리 부부와 양가 부모님에게 삶의 기쁨과 즐거움을 선사하였다. 세 자녀 중 첫아들이 2년 전에 결혼하여 그의 첫아들이 태어났다. 우리 부부의 첫 손자다. 태어나면서 아직 오십 대의 나를 어머니에서 할머니로 전격 승격시켜준 아기이다. 다른 도시에 살던 아들 내외가 지난해 6월에 우리가 사는 도시로 이사를 왔다. 우리 집에서부터 걸어서 10분 정도 거리에 살게 되었다. 덕분에 5개월 된 손자를 거의 날마다 볼 수 있는 특권(?)을 얻었다. 내 주위에 아들이나 딸이 삼십 대, 사십 대가 넘어도 싱글로 머물러서 손자 손녀를 안아보고 싶어도 못하는 분들이나 자녀들과 손자 손녀들이 먼 도시나 먼 나라에 떨어져 살고 있어 동영상으로 손녀 손자들의 커 가는 모습을 보는 이들도 적지 않다는 것을 알기 때문에 아들 내외와 손자가 바로 이웃에 살고 있다는 것이 우리에게 특권이고 축복이라는 것을 안다.

며느리가 병원에 갈 일이 있거나 약속이 있으면 손자는 유모차를 타고 우리 집에 와서 두어 시간을 보내다가 돌아가곤 하였다. 그 시간은 오십 중반이 넘은 내가 어린 손자에게 모든 것을 맞추어야 하므로 아기처럼 마음과 생각이 젊어지고 순수해지는 귀한 시간이 되곤 하였다.

내가 한국에서 첫아들을 낳았을 때는 직장생활을 하던 때였다. 2주간의 산후휴가 후에 다시 직장 생활하느라 할머니 한 분을 구하여 아기 돌보는 일과 집안일을 그분에게 맡기고 직장생활을 계속하였다. 그래서 퇴근 후나 주말에 잠시 아기를 유모차에 태우고 밀어준 기억은 나지만, 바쁘게 살던 신혼 때라서 손자를 유모차에 태워 밀어주고 돌보는 때에 비해 마음의 여유로움이 없었던 것 같다.

5개월 때 만나기 시작한 손자가 누워서 손과 발만 움직이던 아기에서 스스로 혼자 소파에 앉았을 때 신기하여 환호성을 질렀다. 첫돌이 되자 아장아장 걷기 시작하였을 때도 놀라워하고 기뻐하였다. 아기의 이가 하나 둘씩 생겨나고 과일이 그려진 그림책을 보며 한 음절씩 "과"(사과), "포"(포도) 소리를 낼 때를 지나 "아빠" "엄마" "오모"(고모), "부지"(할아버지) 하며 얼굴을 알아보고 호칭을 부를 때도 신기하여 놀라워하고 아기처럼 기뻐하였다. 아기들이 말만 배워가는 것이 아니라 배운 대로 따라 하며 스스로 놀이를 즐길 줄 알고 상황을 깨달아가는 힘을 깨쳐가는 것을 보는 것도 신기하기만 하였다.

이처럼 새로운 생명의 탄생이란 변화나 성장이 정지된 정체성을 파괴하는 힘, 새로운 생동력과 창조력을 공급하는 새 힘과 미래를 보여주기에 그 주위에 기쁨과 희망이 파문처럼 퍼져나가게 만든다.

아직 첫아들이 결혼하기 전, 남편은 주위 선배분들이 손자나 손녀 자랑을 하시며 사진을 보여주시는 것을 보며 자신은 그분들처럼 나중에 손자 손녀들에게 마음이 뺏기지 않을 것 같다고 말하였다. 그런데 첫 손자가 태어나고 우리 집 이웃으로 아들 내외가 이사 오자, 하루라도 손자의 얼굴을 못 본 날에는 궁금해 하며 어느새 마음과 발걸음이 아들 집으로 향한다. 요즘은 손자가 기쁨의 근원이라고 하면서 직장에서 돌아와 저녁식사 후에 내가 부엌일을 하는 동안 손자 보러 간다고 집을 나서곤 한다.

며느리가 곧 두 번째 아기를 출산할 예정이다. 두 번째 아기 임신 소식을 들었을 때, 첫아들이 태어났으니 다음에는 아들이나 딸 모두 좋다고 하면서도 예쁜 손녀가 태어났으면 하는 마음이 있었는데 의사가 딸이라고 말해주었다고 한다. 손녀가 누구를 닮은 모습으로 이 세상에 태어날지 궁금하지만, 손자 때와는 또 다른 느낌을 받을 것 같다. 생명의 탄생 자체가 신비에 싸인 기적이 아닌가! 부모라도 그들이 원하는 대로 아기의 얼굴이나 앙증스러운 손이나 발을 만들 수 없고 다만 조물주에 의해 얼굴 모습, 오장육부뿐 아니라 기질까지 빚어져 만물의 영장으로 이 세상에 탄생하는 기적 덩어리, 신비 덩어리가 아닌가! 날마다 세포가 늘어나고 키가 자라며 몸무게가 불어나고 생각하는 힘과 사물이나 주위 사람을 지각 판단하고 느낌을 갖는, 이 다이나믹한 생명력의 비밀과 성장의 신비를 어떻게 우리의 제한된 지식에 근거하여 또박또박 논리적으로 파헤쳐 설명할 수 있을 것인가!

세상에 70억 이상의 많은 사람이 살고 있고 또 오랜 역사를 이어왔지만, 지금까지 한 사람도 다른 사람과 모습이나 성품, 취향이 똑같았거나 똑같은 사람은 한 사람도 없다. 여기에 생명의 신비, 탄생의 신비가 있다. 가족 중 비슷하게 닮기는 하였어도 얼굴이 똑같은 사람은 한 사람도 없다. 나는 이 세상에서 단 하나뿐인 유일한 존재이다. 그러기에 나의 인생, 너의 인생은 다른 누구의 인생과 비교하거나 대체할 수 없는 귀한 인생이다. 탄생은 그러나 아픔과 고통을 수반한다. 새로운 생명의 탄생은 새가 알을 깨고 나오듯, 옛것을 깨야 새로운 것이 탄생한다. 이 생명을 탄생시키기 위해 어머니는 열 달간 자신의 몸속에 또 다른 생명체를 품고 살아야 한다. 그리고 마침내 세상에서 가장 고통스러운 해산의 고통을 겪고 새 생명을 탄생시킨다. 해산의 고통은 스무 개의 뼈가 부스러지는 고통과 맞먹는다고 한 연구에서 발표했다고 한다. 이 새로운 생명체를 뼈가 부스러지는 극한의 고통과 아픔 가운데 낳기 때문에 여자는 연약한 존재일지 모르나 어머니들은 위대한 것이다.

내가 첫아들을 낳을 때였다. 진통이 시작되어 밤 9시경 병원에 입원하였는데 그 후 6시간의 진통과 고통을 견디고 새벽 세 시경에야 아기를 해산하였다. 진통이 처음에는 20분 간격으로 오더니 그다음에는 10분, 5분, 2분, 1분 간격으로 오면서 마치 뾰족한 바늘로 배를 콕콕 찌르듯이 아팠다. 얼마나 고통스러웠던지 병원 침대 옆 창가에 달려있던 긴 커튼을 두 손으로 붙잡아 당겨서 마침내 우두둑우두둑 소리가 나면서 긴 커튼이 뜯어져 내렸다. 아기를 해산하고 거울에 얼굴을 비춰보니 진통을 참느라 입술을 얼마나 깨물었던지 입술에 시퍼렇고 빨건 피멍이 들었다. 이러한 고통을 겪으며 아기를 해산하고 나서 깊이 깨달았던 것은 '몸에 통증이 없는 상태가 가장 행복한 상태'라는 것이었다. 그러한 아픔과 진통 가운데 생명을 얻었기에 어머니들은 몸의 분신인 아기를 온 정성과 마음으로 키우며 평생 자녀를 위해 희생을 아끼지 않는 힘을 얻는 것이리라.

생명의 탄생이라는 엄숙한 해산의 예식을 치러 본 여자로서, 모유를 먹이며 갓난아기를 키워본 어머니로서 그리고 없던 손자가 아들과 며느리를 통해 이 세상에 태어난 탄생을 체험한 할머니로서 생명의 탄생이 우연히 어쩌다가 이루어지는 것이 아니라 생명의 창조주가 존재한다는 사실을 부인할 수 없게 되었다. 손자는 웃는 모습이 며느리의 모습을 많이 닮았다. 그런데 자라면서 '아빠를 많이 닮았다'는 말들을 주위 친구들이나 친지들이 말하는 것을 듣고 나도 손자의 얼굴 모습에서 그 나이 때의 첫아들 얼굴을 얼핏 보게 되는 것을 보면, 아빠와 엄마를 골고루, 절묘하게 다 닮았다는 결론이 나온다. 그뿐인가? 성격이나 기질, 취향, 재능도 아빠나 엄마 또는 조부모의 유전자에서 이어받는다.

오늘도 지구상에서 수많은 아기가 울음을 터뜨리며 태어나고 그 주위에 서서 아기를 보며 기뻐하는 부모들과 가족 친지들이 수없이 많을 것이다. 새 생명의 탄생은 주위에 기쁨을 선사한다. 그 생명이 끝까지 가족 친지들과 이웃, 사회와 국가, 세계에 기쁨을 주는 존재로 잘 성장하도록 부모가 사랑과 정성을 다하여 성실하고 정직하며 이웃사랑을 실천하는 사람으로 키워야 할 책임이 따른다. 그다음에는 학교와 사회, 국가에서 그들의 올바른 성장을 위해 좋은 환경을 이루어주도록 최선을 다하여야 할 것이다.

(<한국수필> 2016년 수필선집)

연년생 손자와 손녀

첫돌이 지난 지 이제 두 달이 된 첫손녀의 하얀 얼굴에 붉은 손톱 생채기가 났다. 눈 바로 밑과 부드러운 두 볼에 손톱자국이 제법 많이 생겼다. 물어보지 않아도 누가 그랬는지 알 만하였다.

한 살 반 먼저 태어난 오빠의 공격에 여지없이 당한 것이다. 첫 손자가 태어나 아빠 엄마의 전폭적인 사랑을 받다가 일 년 반 쯤 지나 둘째 아기가 태어났다. 아빠나 엄마가 아기 '엠마'를 품에 안고 있는 것을 보면 "엠마 침대, 침대" 하며 아기를 품에 안지 말고 침대에 넣으라고 두 돌 지난 손자가 아기 침대를 손으로 가리키며 떼를 쓰며 울었다. 그리고 "엠마 아니야."라고 소리를 지르곤 하였다. 당시에는 '싫어'라는 단어를 모를 때여서 '아니야' 하고 큰 소리로 말하였는데 요즘은 "엠마 싫어" 하고 직접 그의 감정을 표현한다.

아직 만 세 살도 안 된 손자가 아빠 엄마의 충분한 사랑을 받기도 전에 동생에게 그 사랑을 절반쯤 잃어버린 상실감에 동생을 때리거나 밀치곤 하여 걱정을 하였는데 이제 얼굴까지 할퀸 것을 보니 생채기를 낸 손자나 얼굴 할큄을 당한 손녀가 모두 안쓰러웠다. 가능하면 아이를 낳을 때 연년생보다는 두 살이나 세 살 이상의 터울이 있는 것이 아이들에게 좋은 것 같은 생각이 들었다. 여자아이들에게나 시샘이나 질투심이 있는 줄 알았는데 손자를 보니 그게 아니었다. 두 돌 지나면서 '엠마 아니야.' 하며 소리 지르던 것이 이제 '엠마 싫어.' 하며 밀치거나 때리기까지 하니 그 어린 마음에 여동생에 대한 미운 감정이 쌓인 모양이다.

자기 장난감에 손을 대거나 다가오는 여동생을 때리거나 밀치면 아빠 엄마에게 호되게 꾸중 듣고 "동생에게 가서 미안하다고 말해라."는 말에 마지못해 작은 목소리로 '미안해' 하고 말하지만, 또다시 때리는 일이 반복되곤 하는 것을 보면, 자기보다 아빠 엄마 사랑을 더 받는 것처럼 보이는 동생 때문에 받은 마음의 상처가 미움으로 자란 것 같다.

'자라서 학교나 사회에 나가면 어차피 사람들 사이에 부대끼며 시기심이나 미움, 갈등을 겪을 일인데 어릴 때 세상을 미리 배우면서 크는구나!' 싶다가도 너무 어린 나이에 오빠가 되어버린 손자가 안쓰럽게 느껴지기도 한다. 싫다고 밀쳐내도 다시 일어나

다가오는 철없는 여동생 얼굴을 할퀸 일이 일어난 것이다. 오빠에게 자주 듣는 말이 '싫어.'라는 말이다 보니, 손녀도 그 조그만 입으로 자기 마음에 들지 않는 상황이 되면 '싫어'라는 말을 하기 시작했다. 그들의 싫은 감정을 좋은 감정으로 바꾸도록 요즘 손자와 손녀에게 '오빠 좋아.' '엠마 좋아.'라는 말을 각각 가르쳐주고 있다.

나와 여동생도 연년생이다. 난 5월에 태어났고, 여동생은 일 년 후 9월에 태어났다. 부모님도 우리를 키우시면서 그런 어려움을 겪으셨을까? 내 기억에 어릴 적 나와 동생이 종종 똑같은 옷을 입고 찍은 사진들을 기억한다. 어머니는 두 딸이 연년생이라 서로 시샘하지 않도록 옷을 똑같이 사서 입히셨다고 말씀하신 적이 있다. 그런데 내가 어렸을 때 아기였던 동생을 때렸다거나 밀쳤다는 이야기는 전혀 들어본 적이 없었는데 손자와 손녀를 보면서 혹시 나도 어릴 때 그런 적이 있었을까 어머니께 여쭤보고 싶은 마음이 들었다. 팔십이 넘으신 친정어머니가 까마득한 57년 전의 일을 기억하실까?

한 살 아래인 여동생은 종종 '언니가 어머니 사랑을 더 받았다'고 말하며 어머니에게 서운함을 표현하곤 했다. 여동생과 한 방에서 함께 살면서 자랄 때는 다투기도 하고 논쟁을 벌이기도 하였지만, 이제는 서로를 위해주는 친구 같은 사이가 되었다. 자녀 한 사람 한 사람에 대한 부모님 사랑은 똑같은데 그 사랑을 받아들이는 자녀들은 그 사랑의 양과 질을 비교하며 민감하게 받아들인다.

손자는 아빠나 엄마가 자기보다 여동생을 더 자주 품에 안고 있으니, 자기도 안아달라고 떼쓰곤 한다. 아빠 엄마가 자신과 동생을 똑같이 사랑한다는 사랑의 확신을 배우고, 한 살 반 터울이 있는 여동생과 친구처럼 사이좋게 한 형제 자매로 자라도록 손자를 위해 기도하는 요즘이다.

(<그린에세이> 2017년 3.4월호)

시어머니의 쌀 보자기

며칠 전, 잠자리에 누운 남편이 "머리가 지근지근 아프다."고 말하였다. 25년간 다니던 직장을 그만둔 후, 남편은 이전에 비해 조그만 일에도 예민하게 반응을 하곤 하였다. 스트레스 받는 일이 많아서 그런 것 같은 안쓰러운 마음이 들어서 그의 이마에 내 손바닥을 대고 마사지를 해주었다. 그때 시어머니 생각이 났는지 그가 말을 꺼내기 시작하였다. "내가 어릴 때 머리가 아프거나 배가 아프면 어머니가 쌀을 넣은 보자기로 이마나 배에 대고 문질러 주셨는데 그러면 정말 머리나 배가 낫곤 했지."

시어머니의 쌀 보자기 이야기는 그가 가끔 기억의 창고에서 끄집어내는 몇 가지 단골 이야기 중의 한 가지이다. 벌써 여러 번 들었던 말이지만 마치 처음 들려주는 것처럼 말을 꺼내기에 잠자코 끝까지 들었다. 물론 쌀이 마사지 효과를 내어 혈액순환이 잘 되도록 해주었기 때문이기도 했겠지만, 그보다 어머니의 사랑과 정성에 이런저런 일로 쌓였던 스트레스가 풀려서 나았던 것이 아닌가 싶었다. 쌀 한 줌을 보자기에 싸서 막내아들의 이마나 배에 올려놓고 통증이 사라지도록 정성껏 문질러주셨던 어머니의 사랑이 그리웠을 것이다.

34년간의 결혼 생활에 세 자녀를 키우며 바쁜 직장생활을 해왔던 남편이 내게 시어머니에 관해 이야기를 꺼낼 만한 시간 여유가 없이 살아온 이유도 있지만, 평소에 어머니 이야기를 거의 하지 않아서 가끔 '아들은 키워도 별 소용이 없다.'는 말이 맞는가 보다 하는 생각이 들 때도 있었다. 그도 그럴 것이 시부모님이 살아계실 때 어버이날이나 생신에 한국에 계신 시부모님께 전화를 드려 축하드리도록 내가 옆에서 다그쳐야 했기 때문이었다. 그런 그가 어쩌다 시어머니 이야기를 할 때는 쌀 마사지 이야기를 빠트리지 않고 하였다.

반복되곤 하는 시어머니의 쌀 보자기 이야기를 들으면서 자녀들은 장성해서라도 그들이 어릴 때 부모로부터 받았던 사랑의 기억을 조그만 일이라도 소중한 추억으로 간직하고 있다는 것을 알게 되었다. 마치 내가 초등학교 다닐 때, 어느 추운 날 집에 돌아왔을 때 어머니가 따듯한 우유에 코코아를 타주셨던 기억이나 중고등학교 다닐 시절에는 돼지고기와 김치를 넣어 보글보글 끓인

뜨거운 콩비지 찌개를 밥상에 올려주셨던 일, 그리고 어릴 적에 외가에서 지낼 때 외할머니가 만들어주신 가지나물이나 호박 쌈, 게장의 고소하고 감칠맛 나는 그 사랑의 맛을 잊지 못하고 있듯이 말이다.

그러면서 나는 이제 세 자녀의 어머니로서 또 세 손주의 할머니로서 그들에게 어떤 사랑의 기억을 남길 수 있을 것인가 하는 생각이 들었다. 지금은 결혼하여 세 아기를 둔 큰아들이나 이십 대 후반에 이른 둘째 아들이 자랄 때, 독일에 체류할 수 있는 노동허가서와 체류허가서를 얻기 위해 5년간 내가 사는 마인츠에서 직장이 있는 프랑크푸르트까지 아침저녁으로 출퇴근하는 바쁜 직장생활을 하였던 터라 제대로 따듯한 식사를 해주지 못하였다. 그나마 독일에서는 아침과 저녁으로 주로 빵과 버터, 치즈로 식사를 하니 음식으로 자녀들을 섬겼던 기억이 잘 나지 않는다.

막내로 태어난 딸이 유치원을 마치고 만 여섯 살에 초등학교에 입학하면서 5년간의 직장생활을 그만두고 세 아이를 집에서 돌보기 시작하였다. 독일에서 태어나 자란 딸은 내가 만들어준 쇠고기 미역국이나 된장국, 닭죽 등을 곧잘 먹으며 내게 엄지손가락을 치켜세우며 맛있다고 칭찬(?)을 해준다. 딸은 2년 전부터 다른 도시에 있는 대학에 다니느라 우리 부부를 떠나 대학 기숙사에서 생활하고 있다. 주말에만 집에 오는 딸에게 삭막한 세상을 살아갈 때 먹지 않더라도 힘이 되곤 하는 추억의 음식이 되도록 사랑의 기억으로 남을 특별 음식을 더욱 정성스러운 마음으로 해주어야겠다.

(<그린에세이> 2017년 11.12월호)

잃어버린 핸드폰

친구 부부가 만 60세 생일기념 겸 우리를 방문하러 독일에 왔다. 이들을 축하하기 위해 두 선배 부부와 함께 모두 네 가정이 미니 밴을 타고 짧은 여행을 떠났다.

30년 이상 친분이 있는 네 부부가 처음으로 함께 떠나는 여행인데다가 독일에 오래 살고 있으면서도 아직 가보지 못했던 작센 스위스를 방문하는 설렘을 안고 여행길에 올랐다.

여행 첫날, 그동안 쌓였던 이야기를 나누면서 즐겁게 고속도로를 달리다가 휴게소가 있는 중간 지점에서 쉬었다 가기로 하였다. 커피를 마신 후, 아직 휴게소에서 담소하고 있는 일행을 기다리는 동안, 잠깐 따로 의자에 앉아 한국에 있는 지인과 핸드폰으로 카톡을 주고받았다. 잠시 후에 남편이 휴게소 바깥에서 유리문을 두드리며 나에게 나오라고 손짓하는 것이 보였다. 사용하던 핸드폰을 급히 잠바 주머니에 넣고 출입문을 나섰다. 그리고 몇 발자국 떨어져 있는 차에 올라탔다.

차가 출발하기 전, 출발시각을 확인하려고 핸드백 안의 핸드폰을 찾았더니 눈에 띄지 않았다. 그 순간, 휴게소에서 핸드폰을 잃어버렸다는 생각이 퍼뜩 떠올랐다. 운전하시는 선배에게 알렸더니 되돌아가서 찾아보자고 하셨다. 그래도 달리던 고속도로에서 오던 길로 되돌아가기 위해서는 시간이 걸리는지라 30분쯤 후에야 그 휴게소에 도착하였다. 리셉션에서 일하는 종업원에게 혹시 누군가 핸드폰을 주워서 맡겨놓았는지 물었더니 없다고 말하였다. 내가 앉았던 자리에 가서 의자 밑과 탁자 밑을 찾아보고 사방을 둘러보았으나 찾을 수가 없었다. 할 수 없이 다시 차에 올랐지만, 잃어버린 핸드폰 생각에 차창 밖의 멋진 가을 풍경을 한동안 놓치고 있었다.

지난해 2월에 마련했던 새 핸드폰이었는데… 채 2년도 안 되어 잃어버린 핸드폰에 대한 미련과 아쉬움, 잘 간수하지 못한 자책감이 생겼다. 선배는 내 번호로 전화를 해보았더니 신호가 울리다가 뚝 끊어졌다고 하며 누군가 가져간 것 같다고 하였다. 남편이 내 핸드폰 위치 추적을 해보았으나 꺼져 있는 핸드폰은 위치 추적이 안 된다는 것을 알았다. 카톡을 사용한 후에 휴게소 출입문을 나서기 전, 잠깐 리셉션 쪽에 가서 냅킨 몇 장을 꺼내는 동안 누군가 내 잠바 주머니에 넣어둔 핸드폰을 소매치기한 것 같았다. 키 큰 남자들 몇몇이 리셉션 근처에 모여있던 모습이 떠올랐다. 의자에서 급히 일어나며 잠바 주머니에 내가 핸드폰 넣는 것을 누군가 주시하고 있었던 것일까?

남편은 혹시 탁자에 두고 오거나 바닥에 떨어뜨린 것은 아닌지 내게 재차 물었지만, 틀림없이 핸드폰을 집어 들었고 바닥에 떨어뜨렸다면 소리가 나서 알았을 텐데… 소매치기가 틀림없는 것 같았다. 내가 핸드폰을 잃고 보니, 몇 년 전에 한 후배가 역 앞에서 버스를 기다리면서 핸드폰을 사용하였는데 버스 안에서 잃어버렸다고 말했던 것이 떠올랐다. 막상 내가 당하고 보니 감쪽같이 한 순간에 사라진 내 애용품에 대한 상실감이 들었다. 그러면서 '나와 함께 했던 사람이 내 곁을 떠나는 날에 이렇게 허망함과 상실감에 빠질 수 있겠구나' 하는 생각이 들었다.

달리는 차 안에서 차창을 내다보며 잃어버린 핸드폰 생각에 한참 빠져 있다가 내가 핸드폰을 잃어버렸다고 아쉬워하며 손해의식에 빠지는 것은 내가 처음부터 핸드폰을 가지고 있었다고 생각하기 때문에 그러한 것이라는 생각이 문득 들었다. 그런데 달리 생각해서 본래 처음부터 핸드폰을 가지고 있지 않았다는 사실을 전제로 생각해보면 어떨까 하는 생각이 떠올랐다.

마치 중국의 장자가 자신의 아내가 죽었을 때 슬퍼하기는커녕 노래를 불러서 지나는 사람들이 그 이유를 물었을 때 '내 아내는 원래 있던 곳으로 돌아간 것인데 슬퍼할 이유가 없다'고 말한 일화가 생각났다. 언젠가는 내 곁을 떠나게 될, 혹은 내가 떠나게 될 주위 사람들을 그들과 함께하도록 정해진 시간 동안 사랑으로 섬겨야 하겠구나 하는 생각이 들었다. 남편과 자녀를 비롯한 가족 친지 그리고 친구들과 이웃은 내가 원래 가지고 태어난 내 소유물이 아닌, 내 곁에 일정한 기간만 함께하는 소중한 선물로 생각한다면, 그들과 함께 있는 짧다면 짧고 길다면 긴, 그러나 만남의 끝이 언젠가 다가올 일정한 시간 동안 그 인연을 소중히 여기고 가꾸어나갈 수 있을 것이다. 그리고 언젠가 헤어짐의 시간이 올 때도 그들 혹은 내가 본래의 위치로 돌아간다고 생각한다면 허망함이나 깊은 상실감을 속히 극복할 수 있겠다 싶었다. 결코 쉽지 않은 일이겠지만 우리가 사용하던 애용품이나 귀중품을 넘어서 반려동물, 더 나아가 소중한 가족을 떠나보내면서 홀로 이 세상에 왔듯이 홀로 가는 준비를 하는 것이 아닐까?

이런저런 생각을 하는 동안 우리가 숙박할 곳에 이르렀다. 우리가 머문 곳은 체코 국경이 그리 멀지 않은 피르나(Pirna)라는 목가적인 소도시였는데 작센 스위스 여행의 출발 지점으로 애용되는 곳이라 한다. 작센 스위스는 작센주에 있는 산악지대로서 마치 스위스와 같이 아름다운 곳이라 하여 붙여진 지명이다. 1천여 개의 산봉우리와 계곡이 있어 세계 각지에서 암벽 등반가들이 즐겨 찾는 곳이다. '바슈타이'(Bastei)는 작센 스위스를 찾는 관광객들이 가장 즐겨 찾는 암석 봉우리 지역인데 약 백만 년에 걸친 침식 작용으로 기괴한 형상을 이룬 큰 암석들이 숲속 곳곳에 세워져 있었다. 바슈타이 돌다리에서 바라다보는 짙은 회색의 기암괴석들은 세월의 흔적이 거뭇거뭇 새겨진 바위 병풍처럼 보이기도 하고, 어떤 바위들은 길쭉길쭉한 대여섯 개의 바위 손가락들을 가지런히 모아 하늘을 향해 기도하는 거대한 바위 손처럼 보이기도 하였다. 높은 하늘과 구름, 바위와 숲, 계곡과 강물이 조화를 이루며 평화로운 가을 풍경을 선보이고 있었다. 내리쬐는 가을 햇빛과 스치는 바람을 싣고 쉼 없이 흘러가는 엘베강이 내게 말하는 듯하였다. 놓친 것, 잃어버린 것에 대해 집착하거나 미련을 두지 말고 더 넓은 곳으로 계속 유유히 흘러가라고….

핸드폰을 잃고 보니 그동안 나와 연결되었던 카톡방, 소통망들이 끊어져 몇몇 친구들은 내게 연락되지 않는 것을 염려했고, 몇몇 이웃들은 연락해도 답장이 없는 내가 갑자기 소식을 끊었다고 오해하기도 하는 해프닝이 일어났다. 마침 내가 핸드폰을 잃어버릴 경우를 위해 핸드폰 보험을 들어놓았던 남편의 용의주도함(?) 덕분에 새 핸드폰을 50유로만 내고 똑같은 기종의 핸드폰을 다시 신청할 수 있었다. 본인 실수로 어디엔가 핸드폰을 두고 오거나 잃어버린 경우에는 보험이 적용되지 않고, 소매치기 당했다는 경찰서 확인서류를 제출하거나 다른 사람에 의해 망가졌을 경우에 해당된다고 하였다. 내 곁을 떠난 핸드폰이 어딘가에서 새 주인을 만나 잘 지내길 바라면서 내게 새로이 맡겨진 이 핸드폰을 아끼며 오래 내 곁에 있도록 해야겠다.

(<교포신문> 2017년 11월)

독일의 암행어사

우리나라 조선 시대에 암행어사라는 직책이 있었다. 백성을 잘 다스리는지 감찰하기 위해 겉으로는 평민인 것처럼 협수룩하게 차려입고 각 지방을 돌아다니는 현대판 비밀경찰 요원이랄까? 지방 위정자들이 직권을 남용하거나 백성을 착취하는 현장을 보면, 마치 검도사가 칼집에서 장도를 뽑듯, 품속 깊이 감추어놓았던 암행어사 마패를 꺼내 보이며 악독한 사또나 군수를 처벌하던 정의의 사도였다.

독일에 와서 얼마 되지 않아 만났던 이 암행어사들이 신용과 정의의 나라 독일을 만드는 데 곳곳에서 일익을 담당하고 있음을 삼십 년 넘는 독일생활을 통해 배울 수 있었다. 그들은 검사원이라는 표식을 나타내는 어떤 일정한 제복도 입지 않고 보통 대학생이나 청년처럼 잠바를 걸치거나 평범한 아줌마인 것처럼 스웨터

차림에 청바지를 입은 옷차림으로 버스에 올라탄다. 그러다가 버스가 달리기 시작하면 앉았던 자리에서 갑자기 일어나 "차표 검사합니다." "차표를 보여주세요." 하며 좌석에 앉아 있거나 서 있는 승객들 사이로 다니며 한 사람씩 차표 검사를 한다. 차표 없이 승차하였거나 날짜가 지난, 유효하지 않은 임차권을 가진 사람들을 발견하면 인정사정없이 벌금을 매긴다. 그 자리에서 신분증을 검사받고 벌금을 내거나 아니면 신분증을 보이고 주소를 말하면 벌금 통지서가 집으로 날아온다.

매번 버스 운전사가 차표를 검사하는 것이 아니고 검사원도 가끔 불시에 차표 검사를 하러 버스에 오르기 때문에 승객들은 평소에 차표 없이 버스를 타도 걸리지 않을 경우가 많다. 검사원이 버스에 올라 차표 검사를 하는 경우는 한 달에 한 번 있을까 말까 하는 정도다. 그러니 '이번 한 번쯤 차표 없이 타도 걸리지 않겠지?' 하는 생각으로 무료 승차를 하는 이들도 적지 않게 있다.

내가 임신하였을 때이다. 시내에서 두 정거장만 가면 되는 거리에 볼일이 있었다. 독일에서 아직 마르크화를 사용할 때였다. 마침 버스표를 살 만한 잔돈이나 동전이 없이 수중에 50마르크짜리 한 장만 가지고 있었다. '두 정거장만 가면 되는데 50마르크짜리 지폐를 잔돈으로 바꾸기도 당장 어려우니 그냥 타도 두 정거장은 괜찮겠지?'라는 생각으로 버스에 올랐다. 그러나 이게 웬걸! 그날 그 시간에 검사원이 차표 검사를 하였다. '평소에 꼬박꼬박 차표를 사서 버스를 탔고 두 정거장만 가는데 50마르크짜리밖에 없어서 그랬으니 한 번 봐 달라.'고 요청하였으나 원칙대로 일하는 독일 암행어사(?)는 임산부이자 외국인인 내게 일말의 동정심도 보이지 않고 거금의 벌금을 에누리 없이 매기고 떠났다.

이런 체험을 하고 나서는 버스나 기차를 탈 때 꼬박꼬박 버스표나 기차표를 사고 있다. 그리고 딸이나 아들이 버스나 기차를 타야 할 때는 언제나 차표를 챙기도록 상기시키곤 한다. 올해부터는 그동안 40유로였던 벌금이 60유로로 150%나 올랐다. 버스를 타면 문잡이 위에 큰 글씨로 '60유로'라고 쓰여 있다. 그리고 그 아래에 장장 독일어, 영어, 스페인어, 불어 등 6개 국어로 '승차권 없이 버스를 탈 경우에 벌금 60유로를 내야 한다'고 쓰여 있어서 외국인이라고 몰랐다고 변명할 여지가 없도록 하였다. 어느 버스 회사에서 재미있는 광고판을 버스 안에 붙여 놓았던 것도 기억한다. "눈물을 흘리세요? 진땀이 나세요? 기도하세요? 승차권 없이 탑승할 경우에 60유로 벌금입니다." 유효한 승차권을 사지 않고 버스를 탔다가 검사원이 차표 검사를 불시에 할 경우, 울고 싶거나 진땀이 나거나 검사원에게 걸리지 않도록 기도하는 승객들의 심리를 묘사한 글이다.

버스표 한 장 값은 요즘 2유로 80센트이지만 그 한 장 값을 내지 않고 탔을 때 벌금은 거의 삼십 배 이상이다. 정직하지 않은 그 사람이 삼십 번 이상 승차권 없이 탔을 차표 값을 벌금으로 매기는 것일까?

정직과 신용을 기반으로 사회의 질서를 지키기에 힘쓰는 이 암행어사들로 인하여 독일은 신용과 질서의 나라라는 믿음직한 국가 브랜드를 만들어가고 있다.

유치원에서부터 중고등학교는 물론 대학교와 박사과정까지 등록금 없이 무료로 교육을 받을 수 있는 나라, 자녀를 잘 양육하도록 태어날 때부터 대학 졸업할 때까지 매월 자녀양육비를 지원하는 나라. 그런데도 유럽에서 가장 경제적으로 안정된 나라가 될 수 있는 그 정신 기반은 바로 이러한 정직과 신용을 지키는 데 있지 않을까 싶다. 독일 프랑크푸르트 공항에 내리면 독일의 탄탄한 힘이 느껴진다고 한다. 그 탄탄한 힘이 하루아침에 이루어진 것이 아니라 각 개인, 기업인, 정치가들이 어릴 때부터 이러한 정직함과 신용을 지키는 올바른 국민정신을 배우기 때문일 것이다.

다른 사람의 눈을 의식하여 외식하거나 자신의 적은 유익이나 상황에 따라 양심을 속이지 않고 우직하리만큼 정직한 사람들이 점점 많아지는 독일을 만들기 위해 오늘도 각 시내에서 허름한 옷을 입고 버스에 오르는 독일 암행어사들이 행차하고 있다.

(2016년 5월)

감격적이었던 유럽챔피언축구 결승전

2016년 7월 둘째 일요일, 유럽 국민과 축구 팬들을 뜨겁게 달구던 유럽축구선수권대회가 막을 내렸다.

그 사흘 전, 독일과 프랑스 팀의 준결승전이 열리던 날, 마침 친구 딸이 김나지움 졸업식을 한 날이라 축하 저녁 식사에 초대받아 가서 친구 가족들과 남편, 딸, 아들 내외와 축구경기를 함께 관람하였다. 예선전 경기를 관람하지 않았던 터라 남편에게 어느 팀이 이길 확률이 높은가 물어보니 50%, 50%라고 말해주었다. 선수들 기량이나 골키퍼나 그 실력이 비슷하다는 것이다. 더욱이 이번 유럽축구 챔피언 후보 나라 중에 이 두 나라가 모두 들어있다고 하였다.

두 팀의 팽팽한 경기로 골 득점 없이 45분 전반전 경기가 끝나 이제 후반전 경기를 기대해야 하지 않을까 하던 참이었다. 그런데

인저리 시간인 1분 동안 눈 깜짝할 사이에 독일팀 주장의 실수로 11m 차기에 걸렸다. 물론 공에 손을 댄 것은 실수이지만, 준결승전에서 그 정도의 실수로 심판이 11m 차기를 선언한 것은 심하다고, 거실에 옹기종기 모여 시청하던 여러 사람이 불만을 터뜨렸다. 프랑스 선수 그리즈만이 찬 공이 골대 안으로 힘차게 들어가자 프랑스 팬들이 모인 관람석에서는 우레와 같은 함성이 터져 나왔지만, 독일 팀들은 선수들을 비롯한 모든 팬은 아연실색한 모습이었다.

전반전 마지막 순간 눈 깜짝할 사이에 한 골을 내주고 사기를 잃은 독일 팀이 후반전에서 끝내 골을 넣지 못하고 오히려 한 골을 더 내어준 채 2대 0으로 프랑스 팀이 결승전에 오르게 되었다.

포르투갈과 프랑스 팀의 결승전이 열리는 일요일 저녁, 독일 팀이 출전하는 경기가 아니라 90분 경기를 관람하는 그 시간에 다른 밀린 일을 하고자 마음먹었었다. 그러나 남편이 결승전을 관람하려고 하였고, 유럽에 살면서 그래도 유럽축구선수권대회 결승전을 보는 것이 좋을 듯 하여 나도 함께 보기로 하였다. 한편으로는 준결승전에서 독일 팀을 떨어뜨린 프랑스가 포르투갈과 어떻게 경기하는지 보고 싶기도 하였다. 대학생인 딸은 학기말 시험이 며칠 남지 않았는데도 시험 준비 노트 종이를 들고서 거실 소파에 앉았다. 그리고 이 결승전에서 프랑스가 이겼으면 좋겠다고 하였다. 그동안 프랑스가 이슬람 테러로 많은 슬픔을 겪어서 이번에 챔피언이 되어 위로가 되었으면 좋겠다는 나름대로 기특한 생각이었다. 그런데 나는 독일 팀과 경기할 때 프랑스 선수들의 잦은 태클과 독일 팀에게 전반전 마지막에 11m 차기의 억울함을 선사한 것이 정당한 경기가 아닌 것 같아서 포르투갈이 이겼으면 하고 바랐다.

남편은 결승전 시합은 포르투갈 축구팀 주장 호날두 대 프랑스 팀 주장인 그리즈만의 대결이 될 것 같다고 말하였다. 그러나 인생에서도 늘 그러하듯이 축구 경기에도 언제나 변수, 반전 그리고 역전이 있게 마련이다. 그것이 또 경기의 재미와 묘미가 아니겠는가!

결승전이 시작되고 얼마 되지 않은 전반전 7분, 호날두가 상대방 선수의 태클로 왼쪽 무릎을 다치는 이변이 일어났다. 그는 잠시 무릎 마사지를 받고 붕대를 감은 후, 다시 경기에 임하고자 그라운드에서 절룩거리며 뛰었지만 결국 싸울 수 없다는 신호를 보내고 전반 25분 후에 주장 완장을 떼고 들것에 실려 뼈아픈 눈물을 흘리며 그라운드를 퇴장하였다.

최종 결승전에서 이 무슨 예상치 못했던 반전 드라마인가! 관중석과 텔레비전 앞에 모여든 세계의 시청자들은 순간적으로 '이제 호날두가 빠진 포르투갈은 희망이 없구나!' 하고 생각하였을 것이다. 호날두 선수 대신에 다른 선수가 그의 자리를 메꾸기 위해 그라운드로 입장하였다. 호날두가 없는 전반전에서 프랑스는 몇 번이나 슛을 시도하였지만 놀랍게도 어떤 보이지 않는 손이 공을 붙잡는 것처럼 매번 골대 안에 들어가지 못하였다. 그때마다 실망스러운 프랑스 그리즈만 선수의 얼굴이 텔레비전 화면에 클로즈업되어 비추어지곤 하였다. 연장전 후반에 포르투갈 산투스 감독은 에데르 선수로 대신 교체하였다. 경기 후에 나온 기사에 의하면 호날두가 에데르 선수가 나갈 때 '네가 결승 골을 넣을 것이다'라고 격려해 주었고 에데르 선수는 '호날두의 말이 나에게 엄청난 에너지를 불어넣었다'고 말하였다고 한다.

호날두 선수는 비록 자신이 무릎을 다쳐 직접 경기에서 뛰지 못하였지만 마치 부감독처럼 선수들을 격려하고 코치하였다. 포르투갈이 한 골을 넣은 후, 잠시 무릎을 다친 라파엘 선수에게 그라운드에 들어가 계속 뛰도록 진두지휘하였다. 마침내 연장 후반전이 시작되고 에데르 선수가 기회를 잡아 연장전 후반 4분 만에 중거리 슛을 멋있게 날려 상대편 골망을 흔들었다. 포르투갈의 축구 역사를 새로 쓰는 귀한 한 골을 얻게 되었다. 2년 전의 월드컵 축구 챔피언이었으며 올해 유럽 챔피언 우승 후보 중에 들어있던 막강한 전차군단 독일 팀을 2대 0으로 이겼던 프랑스 팀, 홈그라운드 이점을 누리며 결승전까지 올라온 프랑스 팀을 포르투갈 팀은 호날두 없이도 더 똘똘 뭉쳐서 마침내 유럽 우승컵을 차지하였다. 그들은 당연히 유럽 챔피언이 되리라고 스스로 여기던 프랑스를 놀라게 하고 온 세계를 놀라게 하며 무엇보다 자신들도 스스로 놀랐다. 포르투갈 축구 역사상 한 번도 유럽 챔피언이 된 적이 없었기 때문이다. 12년 전, 결승전에서 그리스팀에 패한 호날두는 그라운드에서 울었다고 한다. 12년 후, 호날두는 비록 절뚝거리는 붕대 다리를 하고 결승전 경기를 포기해야 하는 뼈아픈 눈물을 흘렸지만, 그 눈물은 감격의 환희로 바뀌게 되었다. 그의 말대로 '그의 축구 인생에서 가장 행복한 순간'이었다고 우리도 믿는다.

누구도 올해 우승 후보로 눈여겨보지 않았으며, 폴란드와 11m 승부차기로 준결승전에 올랐던 포르투갈. 얼핏 큰 불운으로 보였던 호날두의 무릎 부상과 퇴장에도 불구하고 끝까지 투혼 정신으로 싸웠던 포르투갈 팀에게 진정한 '유럽 챔피언' 영광이 주어진 것이다. 이번에 유럽의 강팀인 스페인과 이탈리아, 독일과 프랑스와 다른 토너먼트에서 경기하게 된 것도 행운이고, 프랑스가 여러 기회에도 불구하고 골을 기록하지 못한 불운도 포르투갈 팀에게는 행운이었다.

어떤 신문 기사에 나온 대로 행운과 투혼과 인내가 포르투갈의 승리의 세 키워드인 것 같다. 다르게 말하여 투혼 정신과 인내심으로 끝까지 싸울 때 행운이 찾아온 것이라고 볼까?

(2016년 7월)

33년 전 결혼식 비디오

내가 결혼식을 올렸던 1983년도만 해도 결혼식 비디오를 찍는 경우는 그리 흔치 않았다. 인생에 한 번 있는 결혼식인데 그래도 비디오로 찍어놓는 것이 좋을 것 같아 내 기억에 당시에 적지 않은 비디오 값을 지불하고 비디오테이프를 주문하였다.

결혼 3년 후에 독일에 오고 나서 외국 생활에 적응해가며 세 자녀를 키우느라 그 비디오테이프를 켜 볼 여유나 기회가 없었다. 그러다가 막내인 외동딸이 대여섯 살이 되어서야 결혼식 비디오를 처음 켜보았다. 그 후에 기기들이 급속히 발전하여 이 구식 비디오를 볼 수 있는 기기가 없어서 지난해 남편이 새 기기에 맞게 변환을 시켜왔다. 며칠 전, 이 결혼식 동영상 비디오를 꺼내 남편과 함께 보았다. 독일에 와서 한 번 결혼 비디오를 본 후로 오랜만에 보니 처음 보는 듯 감회가 깊었다.

5월 봄볕이 따사로운 이화여대 캠퍼스에서 우리는 결혼식을 올렸다. 당시 모교 졸업생들이 예식장으로 사용하도록 캠퍼스 안에 있는 소강당을 토요일이나 일요일에 저렴한 가격으로 대여를 해 주었다. 당시 5월의 꽃나무들이 활짝 핀 교정에 젊은 여대생들이 끼리끼리 다니고 있는, 싱그러운 젊음과 낭만이 넘쳤던 캠퍼스 정경도 비디오에 음악과 함께 담겨 있었다. 오후 2시 예식을 올리기 전에 신랑 신부가 사진을 미리 찍기 위해 사진사가 주문하는 대로 캠퍼스 잔디밭 위에서 여러 컷의 사진을 찍었다. 이화여대 설립자 스크랜턴(Mary Scranton 1832~1909) 선교사의 동상 옆에서 화사한 웨딩드레스를 입고 신부 사진을 찍는 모습도 보였다. 예식 시각인 오후 2시가 다 되어 비디오카메라는 그 초점을 소강당 입구에 맞추고 있었다. 가족 친지 손님들에게 인사하시는 시아버님, 한 살 아래의 발랄한 여동생과 아직 열아홉 살의 앳된 모습의 첫 남동생, 고등학생이었던 막내 남동생 얼굴도 보였다.

지금의 내 나이보다 더 젊으셨던 만 50세 어머니도 분홍색 한복을 곱게 차려 입으시고 미소 띤 얼굴로 열심히 하객들을 맞이하고 계셨다. 아, 소설가 손소희 선생님, 시인 홍윤숙 선생님, 어머니 대학 친구이셨던 소설가 이정호 선생님과 시인 강계순 선생님이 함께 사진 찍으시는 모습이 동영상에 찍혔다. 지난번 비디오로 얼핏 볼 때는 못 보았던 것 같은데… 시인이시며 혼자 네 자녀를 키우신 어머니를 아끼셨던 분들이다. 문단에서 저명하신 원로 소설가, 원로 시인이셨는데….

지금은 그중 가장 젊으셨던 강계순 선생님과 어머니만 살아계시고 다른 분들은 모두 소천하셨다. 그러고 보니 외가의 이모부, 이모님, 친가의 할아버지, 큰고모와 셋째 고모도, 시아버님과 어머님도 모두 이 세상을 떠나셨다. 주례 목사님도 몇 년 전 돌아가시고…. 지난 33년의 세월이 결코 짧은 세월이 아니었구나 싶었다.

오후 2시, 신랑 신부 가족 친지들과 친구들이 웅성거리며 소강당에 들어와 자리를 잡았다. 주례를 맡으셨던 김 목사님이 창세기 12장 2절 말씀으로 아브라함과 같은 세상 만민의 복의 근원으로 살도록, 역사적인 사명인으로 살도록 주례 메시지를 전해주셨다. 비디오가 하객들을 비추어 주는데 오른쪽 제일 앞자리에서 어머니가 연신 손수건으로 눈물을 닦고 계신 모습이 보였다. 애지중지 키우신 첫딸을 시집보내시는 섭섭함과 부모의 이혼으로 아버지 사랑을 제대로 받지 못하고 자란 딸이 훌쩍 떠나는 데 대한 아픔과 연민 때문이셨을까? 이 동영상이 아니었다면 딸 결혼식에서 눈물 흘리시는 어머니 모습을 몰랐을 뻔했다.

그 몇 줄 뒤에 두꺼운 안경을 끼신 친할아버지가 보여 반가웠다. 그 당시에는 결혼식 올리느라 정신이 없어서 친할아버지가 인천에서 서울까지 오셨는지 인사드린 기억도 잘 나지 않는데…. 연로하신데도 손녀 결혼식에 참석하시려고 인천에서 먼 길을 오셨었구나. 옆에 명동에 사시던 셋째 고모가 앉아있는 것을 보니, 고모가 친할아버지를 모시고 온 모양이다. 막내고모 얼굴도 보였다. 그리고 작은아버지, 작은어머니도…. 외삼촌, 외숙모도 부산에서, 진주에 사시던 이모부님, 이모님도 기차를 타고 서울까지 올라오셨고….

결혼식을 마치고 신랑 신부가 전통 한복을 입고 폐백을 드리는 모습이 나왔다. 시아버지, 어머니에게 감사의 절을 드리고 술잔을 올려드린다. 시아버지, 어머니가 신랑 신부가 자녀를 많이 낳도록 기원하는 의미에서 상에 차려진 대추를 신부에게 던지는 순서에 서로 거리가 떨어져 있으니 중간에 큰시누가 시부모님께 대추를 받아서 신부에게 건네준다. 누군가 신부를 업어주라고 하는지 신랑이 환한 웃음을 웃으며 수줍어하는 신부를 등에 업고 방을 한 바퀴 돈다.

약 30분 걸린 결혼예식이 끝나고 신랑 신부 사진, 가족 친지 사진, 친구들과의 사진을 찍으며 부케를 다음 결혼할 친구에게 던지면서 동영상은 끝났다. 사랑과 기쁨 속에 새날을 출발하는 젊은 신랑 신부를 축복하기 위해 오신 모든 분에게 새삼 고마운 생각이 들었다. 이분들의 격려와 축하에 보답하기 위해서라도 앞으로 더 열심히 잘 살아야겠다는 생각이 들었다.

그때 5월 화사한 햇빛 속의 24살 젊은 신부, 26살 젊은 청년이었던 신랑은 그동안 듬직한 두 아들과 스물한 살의 딸 그리고 첫 며느리와 손주 셋을 둔 할아버지, 할머니가 되었다. 결혼하기까지 우리를 25년 가까이 키워주시고 교육시켜주신 양가 부모님들의 희생과 사랑, 가족 친지들과 친구들의 성원과 축복하는 마음이 있었기에 한 가정이 세워지고 자녀들과 후손들이 생명을 얻는 것이 아닌가!

그리고 33년 전 신부의 청순함과 풋풋했던 젊은 모습을 보고 나니 그때의 초심으로 돌아가 가정생활을 해야겠다는 생각이 들었다. 처음인 것처럼 날마다 설렘과 희망으로 가정이라는 사랑의 정원을 가꾸어나가고 싶은 마음이 새 신부처럼 부풀어 올랐다.

가끔 결혼식 동영상을 보면서 결혼 초심으로 돌아가 보아야겠다. 그때 돈 아끼지 않고 동영상을 찍어두길 잘 했다는 생각이 든다.

(2017년 3월)

괴테의 도시에서 열린 ≪유럽한인문학≫ 출판기념회

2017년 7월 1일(토) 낮 12시, 프랑크푸르트 Phönix 중국 식당 별실에서 ≪유럽한인문학≫(꿈과 비전 출판사) 창간호 출판기념회가 열렸다.

오랜 세월 유럽에 살면서 꾸준히 모국어로 문학 창작 활동을 하는 동포들의 작품이 실린 유럽 한인 문학 잡지의 탄생을 축하하는 자리였다. 수년 만에 만난 몇몇 문우들은 반가운 인사를 나누었고, 참석자들이 서로 소개 인사를 나눈 후, 순서가 시작되었다. 김순실 소설가는 창간 인사말씀으로 이번에 창간된 ≪유럽한인문학≫을 통해 우리의 이민 문학 또는 동포 문학이 독일뿐 아니라 유럽 전역으로 그 폭을 넓히게 되는 계기가 될 것을 바란다고 하였다. 그리고 이 책이 출간되기까지 수고한 창간 편집위원들을 비롯한 출판사에 감사의 인사를 전하였다.

인사말씀이 끝난 후, 약 세 시간 걸려 자동차를 타고 온 장해남 시인이 ≪유럽한인문학≫ 창간호에 게재된 자작시 〈비〉를 낭송하였다.

> 빗속을 걸었네/ 이 밤 따라/ 비를 맞으면/ 키가 쑥쑥 큰다는/ 주소가 하늘인/ 엄마의 거짓부렁이 그립고/ …

'주소가 하늘인 / 엄마의 거짓부렁이 그립고 …'라는 시적 표현이 좋았다는 즉석 평이 참석자 가운데 나왔다. 이제는 땅에 살지 않는 어머니가 어린 시절에 비를 맞으며 신문 배달하던 시인에게 '비를 맞으면 키가 쑥쑥 큰다'고 하신 어머니의 그 거짓말까지 그리운, 어머니에 대한 그리움이 아픔처럼 스며온다. 그리고 시의 마지막 부분을 낭독할 때에는 모두 숙연해지면서 우리의 인생을 잠시나마 되돌아보는 시간을 가질 수 있었다.

> …영혼아/ 올 때처럼 갈 때도/ 빈손이지 않겠느냐/ 뒤룩뒤룩/ 살찐 인생 아니 살아서/ 하늘 길/ 자빠지지 말아야겠다.

이어서 황수잔 재독화가가 이영수 시인의 〈김밥을 싸다가〉 시를 낭송하였다.

검은 휘장의 김을 깔고/ 찰진 밥알을, 한때는 뜨거웠던 하얀 추억들을 고른다. … 검은 어둠에 싸버린 나의 이야기/ 나도 그 누구도 들춰보지 않는다.

단순한 김밥 싸기를 통해 자신의 삶을 반추해보고 있는 시적 깊이를 느낄 수 있었다. 시 낭독 순서 후, 이종진 다큐멘터리 작가의 건배 제의로 참석자들은 샴페인 잔을 부딪치며 축하 인사와 함께 ≪유럽한인문학≫의 발전을 위해 서로 건배하였다.

점심 후 시작된 2부 첫 순서로 세 시간 남짓 기차를 타고 참석한 이현순 님이 축시를 낭독하였다. 축하하는 마음으로 꽃이나 케이크를 준비해 와야 하겠지만 먼 거리를 기차를 타고 와야 해서 시를 준비해 오셨다는 말에 참석자들의 감탄사가 쏟아졌다. '꽃은 시들고 케이크는 없어지지만 시는 남지요.' 옆에 앉아 계시던 분이 진심 어린 감사와 격려의 말을 전하였다. 낭랑한 목소리로 그 분은 자리에서 일어나 시를 낭독하였다.

≪유럽한인문학≫의 탄생을 진심으로 축하합니다./ 꿈과 비전의 창간호/ 새 얼굴을 대하니 왠지 가슴이 설렙니다./ 책 식구가 하나

더 늘었다는/ 자부심과 신뢰감/ 새 식구가 생겼다는 기쁨과 기대에서/ 읽는 사람과 쓰는 사람 사이에서/ 하나의 기회를 더 얻었음은 크나큰 축복입니다./ ≪유럽한인문학≫의 영원한 발전과 번영을 기원합니다.

아침 일찍 두 번이나 기차를 갈아타고 달려오신 분, 그것도 처음 만나는 분이었지만 문학이라는 매체를 통해 한 가족이 되어 진정 축하하는 마음을 담은 시라서 감동이 되었다. 너무 늦게 문학의 길에 들어서지 않는가 했는데 팔십 초반의 연세에도 그날 정정한 모습으로 출판기념회에 참석하시고 지금도 여전히 작품 활동을 하고 있다는 김순실 소설가를 보며 자신도 희망을 얻었다고 말하는 그분에게 작가는 "제가 70대에 가장 왕성하게 작품을 쓴 것 같아요."라고 덧붙여 말씀하셔서 옆에서 듣고 있던 나까지 놀라게 만드셨다.

축시 후에 그동안 책이 출간되기까지의 원고모집 과정과 발간 경과가 간략하게 보고되었다. 지난해 3월, 5월, 7월에 프랑크푸르트에서 창간 편집위원인 김순실 소설가, 황수잔 작가, 유한나 시인, 이영수 시인 등이 만나 편집회의를 거쳐 일 년이 지난 올 4월 중순, ≪유럽한인문학≫이라는 제호의 최초 유럽 거주 동포 문인들의 문학잡지가 출간되었다. 현재 교포신문에 〈명화 산책〉

을 연재하고 있는 황수잔 작가가 '유럽의 구시가지'를 추상적으로 표현한 표지그림을 그렸다. 흰색 바탕에 오렌지 색조의 그림이 산뜻하고 밝은 느낌을 준다.

이 책에는 독일을 비롯한 오스트리아, 영국, 폴란드, 마케도니아, 스위스 등 유럽 6개국에 거주하는 15인 한인 동포 문인들의 시, 시조, 수필, 소설 등 주옥같은 창작 작품 36편(그림 산책 1편, 여행에세이 1편, 시 25편, 시조 2편, 수필 2편, 번역시 2편, 영화 이야기 1편, 소설 2편)이 192쪽에 걸쳐 실려 있다. 또한, 그동안 한국문학작품 12권을 독일어로 번역한 서정희 시인의 〈독일에서의 한국문학〉 특별기고가 실렸다. 이 글은 한국 경주에서 열렸던 '세계한글작가대회' 때 발표된 원고로서 독일에서의 한국문학작품 번역 역사와 상황을 파악할 수 있는 중요한 자료이다.

이 날 멀리 프랑크푸르트까지 올 수 없었던 이영수 시인은 그날 아침, 내게 메일을 보내왔다. 그리고 언제 우리의 모임을 헤세 생가에서 가지면 어떻겠냐고 우리의 문학적 호기심을 부추겼다.

"7월 2일 헤르만 헤세의 생일에 그의 고향 Calw에서 헤세 문학상 시상식이 있습니다. … 헤세 산책길과 그의 작품에 자주 등장하는 실개천 같은 나골드(Nagold) 강이 있고 〈수레바퀴 아래서〉의 배경이자 그의 마지막 학교경력이 되었던 마울브론 수도원 김나지움도 멀지 않습니다. 한 번쯤 Calw에서 모임을 하며 문학의 기운을 느껴보심이 어떠실지 조심스럽게 제안합니다.”

메일을 듣고 서너 분은 벌써 마음이 헤세의 고향에 가 있었다. ≪유럽한인문학≫ 발간으로 독일뿐 아니라 유럽 문학가들의 생가나 문학 유적지를 여행하는 꿈도 이루어질 날이 가까워진 느낌이다.

한국 문학사의 한 장(章)을 장식할 동포 문학사에 ≪유럽한인문학≫이 유럽에서 자라고 있는 후손들에게 문학 유산을 남기는 소중한 유럽 한인 동포 문인들의 창작 작품집으로 자리매김하길 바라는 마음이다. 문학을 사랑하고 창작에 애쓰는 유럽 거주 동포 문인들과 문학 애호가들의 관심과 참여가 늘어나길 바라며 제2호는 언제 어떤 모습으로 우리와 만나줄 것일까 상상의 날개를 펴보며 7월의 더위를 식혀볼까 싶다.

(교포신문 2017년 7월)

새해를 맞이하며

새해 첫날 저녁, 모처럼 동네 근처를 한 시간 정도 거닐며 내 앞에 어떠한 열두 달이 펼쳐질까 잠시 생각해보는 시간을 가졌다. 산책을 마치고 집에 들어오니 거실에 켜있던 텔레비전에 낯익은 얼굴이 보였다. 이탈리아 베네치아의 라 페니체(Fenice)극장에서 열린 신년음악회에서 지휘봉을 잡은 정명훈 지휘자였다. 베르디 오페라 〈나부코〉(Nabucco)에 나오는 히브리 노예들이 부르는 '날아가라 내 마음이여, 금빛 날개를 타고' 합창곡이 이탈리아 베네치아로부터 우리 집 거실까지 날개를 타고 흘러들어오고 있었다.

내 마음아, 황금빛 날개로/ 언덕 위에 날아가 앉아라/ 아름답고 정다운 내 고향/ 산들바람 불어주는 내 고향/ 요단강 강물에 인사하고/ 시온성 무너진 탑을 보라/ 오, 내 조국 빼앗긴 내 조국/ 내 마음

속에 사무치네

이 곡은 기원전 6세기경 바빌론에서 힘든 포로 생활을 하던 히브리 노예들이 유프라테스 강변에서 잠시 휴식을 취하며 고향 생각을 하는 것을 주제로 만들어진 노래이다. 오페라 공연 때 항상 앙코르를 받았던 곡으로 이탈리아의 제2 애국가라고 할 만큼 이탈리아에서 사랑받고 있는 곡인데 실제로 베르디(1813~1901)가 당시 오스트리아 지배 아래 고통 받던 북부 이탈리아 독립을 열망하며 작곡한 곡이다.

〈나부코〉는 성경의 열왕기하서에 나오는 바빌론 왕 '느부갓네살'의 이탈리아어로서 성경을 주제로 만든 베르디의 유일한 작품이다. 이 오페라는 전작 오페라의 실패와 아내와 어린 두 아이의 죽음으로 절망에 빠져있던 베르디를 재기하도록 만든 오페라였다고 한다.

라 페니체 극장의 전속 오케스트라단과 합창단이 드보르작의 〈신세계 교향곡〉과 오페라 아리아 곡들로 음악회를 연 것으로 이 곡은 2부 순서의 마지막 부분이었다. 오케스트라단 뒤에 서 있는 여성 합창단원들은 진한 주홍빛 스카프가 달린 합창복을 차려입어 보는 이들의 마음을 더욱 화사하게 만들어주었다. 라 페니체 극장은 밀라노의 라 스칼라 극장, 로마의 오페라 극장과 함께 이탈리아 3대 오페라 극장에 꼽히는데 몇 번의 화재 후에 다시 화려하게 지어진 극장으로서 그 이름 '페니체'처럼 불사조와 같은 오페라 극장이다.

이 곡을 마친 후, 정명훈 지휘자는 잠시 마이크를 잡고 객석을 향하여 신년인사말을 하였다. 영어로 말하려나 기대하고 있었더니 "세계에서 가장 아름다운 도시의 가장 아름다운 오페라 극장에서 새해를 여는 무대에 서게 되어 행운으로 생각합니다. 새해 복 많이 받으세요"라고 이탈리아어로 신년인사를 하여 청중의 큰 박수를 받았다. 그리고 마지막 곡으로 1853년에 라 페니체 극장에서 초연되었던 베르디의 오페라 〈라 트라비아타〉에 나오는 흥겹고 경쾌한 '축배의 노래'를 젊은 미국인 테너 마이클 파비아노와 이탈리아인 소프라노 마리아 아그레스타의 이중창과 함께 연주하였다.

새해를 맞이하는 축배를 드는 듯한 기쁨의 표정이 관객들 얼굴에 흘러넘쳤다. 이 곡을 연주한 후에 새해를 축하하는 꽃 폭죽이 터졌다. 지휘자와 두 성악가 얼굴에 꽃비가 흐르는 듯한 화면이 클로즈업되면서 음악회가 끝났다.

새해 첫날, 오페라의 나라 이탈리아 최고의 새해맞이 음악회, 그것도 오스트리아 빈(Wien) 신년음악회와 쌍벽을 이루는 세계적인 신년음악회의 지휘자가 한국인이라는 사실에 마음 깊이 자부심이 들었다. 온 세계에 방송되는 음악회라서 이마에 주름살이 깊게 파이고 눈을 지그시 감으며 깊은 음악의 세계에 몰입하듯 지휘하는 노련한 한국인 지휘자를 세계인들이 지켜볼 텐데… 이탈리아 베네치아의 명예시민이며 라 페니체 오페라극장의 평생 공로상을 받을만한 예술의 경지와 위치에 오르기까지의 그의 치열한 노력의 삶, 그가 겪었을 고독한 자기와의 싸움이 엿보이는 듯하였다.

그는 본래 피아니스트로서 출발하였으나 1980년 미국 LA 필하모니 부지휘자를 맡으며 본격적으로 지휘자의 길에 들어섰다. 베를린 필, 뮌헨 필, 암스테르담 필, 런던, 파리 오케스트라의 객원 지휘자를 거쳐 이탈리아 피렌체 오케스트라의 수석 객원 지휘자가 되었고, 1989년에는 만 36세의 나이로 프랑스의 자랑이라고 하는 파리 바스티유 오케스트라단의 음악 총감독 겸 상임 지휘자가 되었다. 세계적인 오페라단을 지휘한 첫 한국인이라는 역사를 쓴 정명훈 지휘자. 언젠가 그가 했다는 말이 떠올랐다. "천재적인 지휘자는 한 번 악보를 보고 지휘할 수 있지만 저는 그렇지 않기 때문에 백 번을 연습합니다."

새해에 모두 몇 가지 소원과 목표를 갖고 출발할 것이다. 간절한 소원이나 목표를 이루기 위해 이런 자세가 필요하다는 생각이 들었다. 머리가 좋고 재능이 많은 천재는 한두 번 공부하고도 시험 성적이 좋거나 모든 면에서 두각을 나타내는데 나는 그렇지 않다고 자책하거나 그들을 부러워만 할 것이 아니라 천재가 아니기 때문에, 재능이 그들보다 부족하기 때문에 더욱 자신과의 고독한 싸움을 하고, 그들보다 백배나 치열하게 노력한다면, 주위 사람들과 더 나아가 언젠가는 세계인들에게도 감동을 주는 삶을 살게 되지 않을까? 마치 다산 정약용 선생이 18년 동안 유배 생활을 하면서도 처절할 만큼 고독한 자기와의 싸움을 통해 ≪목민심서≫를 비롯한 오백여 권의 책을 부지런히 저술하여 오늘날까지 후손들에게 찬란한 정신 문화유산으로 남겨놓은 것처럼…. 다산이 그의 제자에게 가르친 교훈도 '부지런하고 부지런하며 부지런하라'는 말이었다. 다산이 강진에서 작은 서당을 열고 아이들을 가르칠 때 한 소년이 그를 찾아와 자신이 너무 둔하고 앞뒤가 막혔으며 답답한 성품인데 공부를 할 수 있겠는지 물었다. 다산은 그에게 '부지런하고 부지런하고 부지런하라'는 '삼근계(三勤戒)'의 가르침을 주었고 제자 황상은 이 가르침을 마음에 새겨서 평생 공부하기를 쉬지 않았다고 한다.

정명훈 지휘자는 연초에 이탈리아에서 다시 한국으로 들어가 1월 11일 원 코리아 오케스트라 창단음악회를 준비하고 있다. 만 18세부터 28세까지 젊은 음악가들을 모아 롯데문화재단이 창단한 오케스트라를 '원(One) 코리아 유스(Youth) 오케스트라단'이라고 그가 직접 이름을 붙였다고 한다. 평생을 음악을 위해 살았지만, 음악보다 중요한 한 가지는 인간이고 음악을 통해 인류에 도움이 되는 일을 하고 싶다는 꿈을 구체적으로 이루어 나가기 위해 새해부터 원 오케스트라단의 음악감독으로 출발한다. 무엇보다 남한과 북한을 음악으로 연결하는 역할을 꿈꾸어왔는데 이제 원하는 일을 시작하게 되어 기쁘다는 그를 보며 꿈을 가진 자는 열정과 집념을 가지고 꿈을 향해 꾸준히 나아감을 볼 수 있었다.

인류가 평화롭게 사는 힘을 음악이 만들어낼 것이라고 믿는 65세 지휘자의 꿈이 이루어질 날이 오길 함께 꿈꾸며 새해 부지런하고 부지런하며 부지런해져야겠다. 인류에 도움이 되는 꿈을 꾸고 그 꿈을 찬란히 펼쳐가기 위하여….

(교포신문 2018년 1월)

독일 첫 강제수용소

지난 1월 말, 뮌헨에서 약 16km 떨어진 곳에 있는 다카우(Dachau) 강제수용소를 방문하였다. 1933년 3월, 히틀러가 독일 3 제국의 총통이 된 후, 그해 6월에 세워진 독일 최초의 강제수용소이다. 본래 다카우시는 예술가들이 많이 살았던 소도시였는데 나치 정권이 들어서면서 그들의 본부가 있던 다카우시에 강제수용소를 세웠다. 수용소 정문에는 '노동이 자유롭게 하리라 (Arbeit macht frei)'라는 글이 쓰여 있다. 겉으로는 단순한 노동자 수용소인 것처럼 써놓았던 글귀를 이후에 세워진 모든 강제수용소에도 써놓게 되었다.

1933년부터 1945년까지 12년 동안 다카우 강제수용소와 그 주위의 많은 수용소에서 유럽 각국의 약 20만 명 정치 포로들이 수용되었으며 4만 1500명이 학살당하였다. 이 중 삼 분의 일이 유대인이라고 한다. 1945년 세계 2차 대전이 끝나면서 미군에 의해 이곳에 당시 감금되어있던 약 3만 명의 포로들이 자유를 얻게 되었다. 1965년, 생존 포로들을 중심으로 독일 바이에른주의 지원을 받아 이곳에 다카우 강제수용소 기념관이 세워졌고, 강제수용소 해방 70주년을 기념하여 생존자들이 수용소에서 겪었던 고문과 학대, 해방 당시의 체험, 그리고 해방 후 그들의 삶에 대한 증언을 기록한 비디오 증언을 들을 수 있다.

수용소 정문에 들어가 자료 전시실에 들어가니 다카우를 중심으로 그 주위에 약 170개의 위성 강제수용소가 있던 곳이 큰 지도판에 표시되어 있었다. 그리고 1933년에 다카우 강제수용소가 설립되었던 때부터 1939년까지 연도별로 상황을 설명해놓은 도표를 볼 수 있었다.

자료실 여러 방마다 당시의 수용소 사진, 역사 및 정치 배경을 기록, 전시해놓았고 생존자들의 증언을 비디오로 들을 수 있는 방도 있었다. 뼈아픈 역사를 통해 후손들이 교훈을 얻고 배우도록 수용소가 있던 자리에 기념관을 만들고 입장료를 받지 않고 언제든지 자국민들과 해외 관광객들도 와서 그때 역사를 체험하고 배우도록 문을 열어놓은 독일의 열린 정신을 배울 수 있었다. 강제부역뿐 아니라 유대인 학살, 잔인한 인체 실험 등으로 악명이 높았던 다카우 강제수용소는 폴란드의 아우슈비츠를 비롯한 수많은 수용소의 모델이 되었다.

기념관 안에는 영국에서 수학여행 온 고등학생 이십여 명이 안내자인듯한 선생님으로부터 영어로 설명을 듣고 있었다. 독일 고등학생들도 이곳에 와서 역사를 배우고 잘못된 역사를 되풀이하지 않도록 역사적인 교훈을 배운다고 한다. 특히 나치 정권 때 학살된 수백만 명의 유대인 학살에 대한 책임을 지고 민족에 대한 회개 기도를 하며 지금까지 이스라엘 민족을 위하여 중보 기도를 드리고 있는 독일 다름스타트(Darmstadt)에 본부를 두고 있는 기독교 마리아 자매회(Evangelische Marienschwesternschaft)가 떠올랐다. 조상과 민족에 대한 죄를 회개하고 유대인들, 이스라엘 국민에게 용서를 구하는 그들의 진정한 참회의 모습이 독일 민족의 위대함이라는 생각이 들었다.

1차 세계대전이 끝나고 세계적인 경제공황 때에 실업자 수가 6백만 명에 달하는 어려움을 틈타서 '마지막 희망(Die letzte Hoffnung)'이라는 선거 구호를 내걸고 독일 국민의 영웅으로 등장하였던 히틀러와 그 나치 정권. 그들은 조국과 애국심을 내세워 정권을 잡은 후에 1936년에는 인종차별법을 만들어 유대인들을 학살하였고 더 나아가 지적장애자들과 입대를 거부하던 여호와의 증인들까지 감금, 학살하였다. 대다수 독일 국민들이 나치 정권의 불의에 대하여 침묵할 때에 나치는 잘못된 정권이라고 두려움

없이 저항하였던 자들 가운데 뮌헨대학교 후버(Kurt Huber) 교수와 그 제자였던 한스(Hans Scholl 1918.9.~1943.2.)와 그 여동생 소피 숄(Sophie Scholl 1921.5.~1943.2.)이 있었다.

뮌헨은 10월에 열리는 옥토버 페스트(Oktober Fest)로 유명한 맥주의 도시이면서 나치 정권에 대항하였던 도시로도 유명하다. 뮌헨 대학교는 독일에서 가장 역사가 오래된 대학교로 학교에 공헌한 루드비히 공작과 막스 밀리안 1세의 이름을 따서 루드비히 막스밀리안 대학교(LMU)로 불린다. 대학 정문 앞 바닥에 몇몇 젊은 청년과 여대생 사진과 신문 조각과 같은 전단이 새겨져 있었다. 이들은 나치 정권에 대항하였던 대학생 몇 명이 결성했던 백장미 단원들이다. 이 중 두 명이었던 한스와 소피 남매는 나치에 대항한 전단을 직접 타이핑하여 만들고 기차를 타고 다니며 전 독일 대학교에 나치 정권을 타도하여야 한다는 전단을 뿌렸다. 그들은 나치가 잘못된 정권이라는 후버 교수의 말과 그라프 폰 갈렌 주교의 설교에 용기를 얻고 침묵하는 다수 국민들을 깨우려고 나치 정권에 대항하는 전단을 직접 여섯 번에 걸쳐 만들어 배포하였다. 여섯 번째 전단을 뮌헨 대학교에서 뿌리는 것을 목격하였던 수위에 의해 그들은 마침내 체포되고 만다. 그리고 체포된 지 4일 만인 1943년 2월 22일에 사형을 당하였다.

그들이 단두대에서 사형당하기 직전에 말하였던 최후의 말은 독일 국민들의 눈물을 흘리게 했다.

… 몇 분 후에 우리는 모두 영원의 나라에서 다시 보겠지 / 하지만 우리가 한 일들은 하늘의 별처럼 빛날 거야.

뮌헨대학교 정문 앞 광장 바닥에 당시 한스와 소피 숄의 사진과 그들이 직접 타이핑하였던 전단을 바닥에 새겨놓아 지금까지 그들의 불의에 대항하고 진리를 수호하는 정신을 기념하도록 하였다. 대학 본관 건물 안에도 그들이 전단을 뿌렸던 곳(Lichthof)에 백장미 연합을 상징하는 백장미를 꽂아놓고 한스와 소피 숄과 함께 백장미 회원이었던 크리스토프, 알렉산더, 윌리 등의 이름이 새겨져 있는 추모 장소가 있었다. 대학 정문 앞 광장은 지금까지 후버 교수 광장(Pro-Huber-Platz), 뒤 광장은 한스 소피 남매 광장(Geschwister Scholl-Platz)광장으로 불리고 있다. 소피 숄이 죽은 지 60년 되던 해를 기념하여 2003년 2월, 위대한 독일인들을 전시하는 레겐스부르크에 있는 Walhalla 에 소피 숄의 대리석 흉상이 세워졌다. 죽은 지 20년 이상 된 인물 중에서 위대한 영향을 끼친 독일인을 선정하여 흉상을 만드는데 현재 130명 흉상 중에서 12명의 여성이 전시되어 있다고 한다.

그들이 사형당하기 전에 그들의 아버지가 말하였다는 대로 한스와 소피 숄은 역사 속으로 들어가게 되었다. 역사에서는 정의를 말하기 때문이다. 뮌헨뿐 아니라 그들이 어릴 때 살았던 Ulm과 Forchtenberg를 비롯한 여러 도시에 그들의 이름을 딴 거리, 학교, 연구소들이 생겼다. 내가 사는 마인츠에도 그들의 이름을 붙인 거리 Geschwister-Scholl-Strasse가 있다. 비록 만 21살, 24살의 젊은 나이로 단두대에서 짧은 생을 마쳤지만, 진리를 위해 끝까지 불의에 저항한 그들의 생명은 영원한 것을 본다.

다카우 수용소와 뮌헨 대학교에 지금도 살아있는 시민저항 정신의 상징이 된 한스, 소피 숄 남매를 비롯한 백장미 단원들의 기념비를 돌아보며 지금의 위대한 독일이 있기까지, 이 독일에서 자유를 누리며 살기까지 수많은 사람의 희생과 아픔이 있었음을 되돌아보게 되었다. 그리고 이 나라와 민족의 죄를 회개하고 용서를 구하는 위대한 젊은이, 정치 지도자, 기독교 및 가톨릭 지도자들이 있었음에 새삼 안도와 감사의 마음을 갖게 되었다. 불의에 저항하는 정의와 어두움을 이기는 빛의 승리를 죽어서도 증거하고 있는 한스와 소피 남매, 그리고 백장미 단원들의 희생과 용기에 묵념으로 존경과 감사를 보낸다.

(교포신문 2018년 2월)

범사에 감사하는 생활

세상 사람들이 가장 많이 쓰는 말은 아마 "감사합니다"라는 말이 아닐까? 길을 물어본 사람이 친절하게 가르쳐줄 때, 비행기 안에서 승무원이 먹을 것을 줄 때, 어려운 일을 누군가 해결해주었을 때 등 감사하다는 말을 한다. 어린 자녀에게도 누구에게 선물을 받거나 칭찬을 받으면 "감사합니다." 하고 인사를 하도록 가르친다. 서로 감사하는 마음과 자세로 이 세상을 살아간다면 낙원이 이루어질 터인데… 조그만 힘든 일이나 마음대로 되지 않으면 불평하고 비난하고 분노하는 사람이 많다.

하와가 최상의 낙원이었던 에덴동산을 잃어버린 것도 결국 감사치 않는 마음에서 비롯된 것이 아닌가? 모든 과실나무의 열매를 마음대로 먹을 수 있고, 아름다운 보석이 널려 있으며 생명수가 흐르고 영생 나무가 있어서 죽음이 없던 낙원을 창조주로부터 선물로 받았는데 그녀는 선악과를 따먹지 말라는 한 가지 금지 명령에 불평하는 마음을 가졌다가 사단의 유혹을 받아 낙원에서 추방당하게 되었다. 수만 가지의 은혜를 받았는데 단 한 가지 받지 못한 것에 대한 불평하는 마음이 그녀를 불행 가운데로 몰아넣었다. 그 한 가지도 사실은 창조주를 기억하고 창조주와의 사랑의 질서를 지킬 때 참 행복이 있기에 선악과를 따먹지 말도록 한 것이었는데 말이다.

사도바울은 감사치 않는 마음이 죄의 뿌리라고 말하였다. 그리고 데살로니가 성도들에게 보낸 편지에서는 "범사에 감사하라"고 쓰고 있다. '범사'란 슬픈 일이나 기쁜 일, 괴로운 일이나 즐거운 일 모든 일에 감사하라는 말이다. 어떻게 고통스럽고 아플 때 감사하는 마음을 가질 수 있을까? 그 스스로 예수님이 구주, 그리스도라는 복음을 전하다가 유대인들에게 39대의 뭇매를 맞기도 하고 배고픔, 추위, 감금 등 수많은 고통스러운 일을 당하였다. 그런데도 그는 모든 일에 감사하라고 성도들에게 권하고 있다. 그것이 그리스도 예수 안에서 그의 자녀들을 향하신 하나님의 뜻이라고 하였다. 쉽지 않은 일이지만 조그만 일에도 감사하는 마음과 감사하다는 말을 하는 습관을 지니도록 연습하다 보면 감사하는 생활, 감사하는 삶을 살게 될 것이다. 사도 바울은 자신이 육체에 가시를 가지고 있다고 말하였고 이 가시를 제거해주시도록 기도를 드렸다고 한 것을 보면 늘 건강했던 것이 아니라 육체의 고통을 지니고 있었다. 외적, 내적으로 고통을 가지고 있었던 그가 범사에 감사하라고 가르치는 것은 그가 좋은 환경이나 지위를 가지고 있었기 때문에 그런 말을 한 것이 아니라는 것을 알 수 있다.

지난 독일 생활 31년간을 돌아보면 감사하다는 말이 제일 먼저 나온다. 빈손으로 독일에 와서 많은 축복을 받았다. 첫 독일 생활을 시작할 때 시부모님이 2년 동안 만 두 살이었던 첫아들을 돌보아주셨다. 우리가 사는 마인츠에서 프랑크푸르트까지 아침 러쉬아워로 한 시간 이상 걸리는 거리를 출퇴근하며 우리 가족을 부양하였던 남편, 학교 다닐 때 각각 유일한 한국인이라서 놀림을 받으면서도 잘 자라준 두 아들과 딸, 이제는 결혼하여 세 아이의 아빠가 되어 가정을 꾸려가는 첫아들과 며느리, 독일에서 태어나 낯선 땅에서 우리의 기쁨이 되어주었던 둘째 아들과 막내인 외동딸, 외로운 외국 생활에서 가족처럼 가까이 지내온 신앙 선배님들과 동역자들 모두에게 감사한 마음이다. 무엇보다 지난 30년이 넘도록 외국에 나와 사는 첫딸을 염려하며 늘 기도와 사랑으로 격려하여주신 어머니에게 감사한 마음이다.

이제는 3대가 독일에 살면서 모국보다 오래 살게 된 독일이 제2의 고향이 되었다. 전혀 낯선 환경과 문화 가운데 살면서 물론 어렵고 고통스러운 시간도 있었지만 모든 것이 합하여 선을 이룬

다는 성경 말씀처럼 모든 것이 합하여 선을 이루는 것을 믿을 때 범사에 감사할 수 있다. 정직하고 신실하고 근면한 독일 사람들의 국민성도 배워가면서 우리 한국인의 친절, 융통성과 희생정신을 서로 나누어주며 독일인들과 친구, 이웃이 되어가고 있다.

올 1월에 내가 다니는 선교 단체에서 연초 수양회가 있어서 전 독일에서 45명 정도의 선교사들과 독일인 리더들이 함께 모였다. 길을 지나가는데 한 독일인 할아버지가 우리에게 어느 나라에서 왔느냐고 물어서 한국에서 온 선교사들이고 독일에 30년 이상 살고 있다고 하였더니, 요즘 독일의 젊은 세대들은 믿음을 잃어버린 자들이 많다고 하면서 독일을 위하여 기도해주어 고맙다고 말하였다. 그러면서 자신의 딸도 지금 베트남에 선교사로 사역을 섬기고 있다고 말해주었다. 독일인 할아버지, 할머니 세대들은 경건한 기독교 신앙인들이 많이 있고 그의 조상들 가운데에는 선교사로 사셨던 분들도 많이 있다. 그러나 점점 기독교 문화가 세속화되면서 창조주 하나님에 대해 감사나 부모님에 대한 감사 없이 살아가는 젊은이들이 많다. 이들을 위해 복음을 전하고 독일이 다시 한 번 선교사를 파송하는 나라가 되도록 오늘도 독일을 위하여 기도하고 복음을 전하는 한국인 목회자들과 선교사들이 이 나라에 많이 있다는 것은 독일이 축복받은 나라라는 증거이고, 세계대전을 일으켰던 나라에 대한 하나님의 긍휼과 용서의 사랑의 증거일 것이다. 날마다 독일의 영적 재각성을 위해 기도하는 기도의 손들이 모이고, 주일예배를 드리러 가는 한국인 목회자, 선교사 1세부터 2세, 3세의 행렬이 이어지는 독일에서 3대째 살고 있는 것은 나의 큰 감사제목이다. 범사에 감사하는 삶을 먼저 실천하고 우리 자녀들에게 창조주 하나님에 대해 감사와 부모에 대한 감사, 이웃과 친구에 대해 감사를 가르치는 일이 낙원을 회복하는 길이다.

(2018년 1월)

2부

여행에서 만난 역사 속의 인물과 예술문화유산

마케도니아에서 남편과 (2016년 12월)

중국 자금성의 〈마지막 황제〉

내년이면 독일에 온 지 30년이 된다. 모국에서보다 더 오랜 세월을 독일에 살면서 다른 유럽 나라들은 방문할 기회가 종종 있었지만 중국에 가본 적은 없었다.

올 2월에 손자의 첫돌을 축하하기 위해 독일에 오셨던 사돈의 초청으로 지난 7월 초, 첫 중국 여행길에 올랐다. 사돈 가족은 6년 전부터 중국에서 사업을 시작하여 그곳에 살고 계셨다. 마침 올해가 남편이 독일에 온 지 30년이 되는 해이고 2년 전, 첫아들 결혼시키느라 미처 챙기지 못하였던 결혼 30주년 기념여행으로 중국을 거쳐 한국에 다녀오기로 하였다. 짧은 기간의 중국여행이라 북경과 북경 외곽을 돌아보기로 하고 북경 시내에 위치한 자금성과 이화원을 둘러보았는데 그 어마어마한 규모에 압도당하였다. 그리고 그 역사적인 배경에 나오는 서태후와 그녀가 황제로 지명하였던 중국의 마지막 황제에 대한 이야기가 내게 무척 깊은 인상을 남겼다.

자금성은 명나라, 청나라 시대에 500여 년에 걸쳐 황제가 살았던 궁궐이다. 명나라 제 3대 황제였던 영락제(재위 1402~1424) 때인 1407년에 건축을 시작하여 14년 동안 수십만 명에 의해 지어졌다. 자금성은 황제만이 들어갈 수 있고 일반 백성들에게 출입이 금지된 성이라고 하여 우주의 중심인 북극성의 색이자 황제의 색을 상징하는 자색의 '자' 자와 금할 '금' 자를 써서 '자금성'이라고 칭해졌다고 한다. 하늘의 아들이라는 뜻의 '천자'로 불렸던 최고의 권력과 위엄을 상징하는 '황제'. 황제의 색으로 알려진 금색이 칠해진 자금성의 궁궐 지붕들은 아직까지도 황제의 옛 영광을 드러내듯 금빛 모래알처럼 빛나고 있었다. 이 자금성에 들어가 보니 '구중궁궐'이라는 말이 실감났다. 72만m^2의 면적에 약 800개의 건물과 9000여 개의 방이 있다고 하였다. 세계 최대의 황실 궁궐로서 1987년에 '명, 청조 시대의 궁궐'이라는 이름으로 유네스코 세계문화유산에 등재되었다.

자금성을 거의 다 돌아보고 나오는 길에 조선족 여대생 가이드가 '자금성 안에는 나무들이나 숲이 없는데 자객들이 숨어 들어오지 못하도록 하기 위하여' 였다고 설명해 주었다. 비록 화려한 궁궐 안에서 온갖 부귀영화를 누리며 살았을지라도 끊임없는 권력의 암투 속에서 암살의 위협과 불안 속에 살아야 했던 황제나 황후의 삶의 일면을 엿볼 수 있었다.

이 자금성을 배경으로 찍은 영화에 나오는 자금성은 모두 실제가 아닌 세트장이었는데 1987년 미국에서 상영되었던, 마지막 황제 '푸이'의 일생을 그린 영화가 최초로 실제 자금성에서 촬영된 영화라고 하였다. 여행을 마치고 독일에 돌아온 후, 이 〈마지막 황제〉(Der letzte Kaiser) 영화를 보았다. 직접 눈으로 보고 발로 밟아 보았던 자금성을 배경으로 찍은 영화라서 그런지 더욱 실감나게 감상할 수 있었다.

청나라를 47년간 황제의 뒤에서 수렴청정 하였던 서태후는 아들 동치제 후에 조카 광서제를 황제로 세웠다. 광서제도 젊은 나이에 일찍 죽자, 태후는 다시 세 살인 푸이를 다음 황제로 지명하고 세상을 떠난다. 그러나 3년 후, 푸이는 중국에 들어온 개화의 물결로 정치적인 실권은 빼앗기고 다만 황제의 칭호만 가진 채, 자금성 안에서 명목상의 황제로만 살다가 마침내 서양 근대물결의 영향을 받아 1911년에 일어난 신해혁명으로 자금성에서 출궁 당하였다. 그리고 일본이 세운 괴뢰국인 만주국의 초대 황제로 다시 즉위하였다.

일생에 한 번 황제로 즉위하기도 하늘의 별 따기만큼 어려운데 그는 두 번이나 황제의 옥좌에 앉았던 행운아처럼 보였다. 그러나

이 행운은 그리 오래 가지 못하고 그를 곧 비운의 마지막 황제로 만들었다. 중국의 일부 땅을 빼앗아 만주국을 세우고, 만주족 출신이었던 푸이를 초대 황제로 삼아 그 뒤에서 조종하던 일본이 전쟁에 패함으로써 푸이는 당시 소련군에게 전범으로 포로로 끌려가게 되었다. 일본에 속아 만주국의 황제가 되려고 하는 어리석은 푸이에 대한 불만으로 그의 부인 완룽 황후는 아편중독에 빠졌고 후궁인 부인마저도 그에게 이혼을 요구하며 떠나갔다.

10년간의 감옥살이 후에 푸이는 모범수로 풀려나 정원사로서 평범한 시민으로 살다가 몇 번의 재혼에도 불구하고 자식도 없이 쓸쓸하게 병으로 이 세상을 떠난다. 자신의 의지와 상관없이 세 살의 나이에 황제로 세움 받고, 또 자신의 의지와 상관없이 새로운 서양문물의 흐름에 밀려 자금성에서 출궁당한 후에는 만주국의 허수아비 황제에서 전쟁포로로 잡혔다가 일반 시민으로 돌아간 푸이. 그는 모든 정치적인 야망을 내려놓고 식물원의 정원사로 살면서 비로소 삶이 따뜻하다는 것을 느꼈다고 한다. 이는 그가 누렸던 궁궐에서의 삶이 결코 행복하거나 안온한 삶이 아니었으며 평범한 한 인간으로서 자유로운 일상을 누리는 삶이 더 행복하였다는 것을 고백한 것이리라.

영화에 나오는 몇 장면은 자유가 없는 그의 구속된 삶의 일면을 상징적으로 보여주고 있다. 유모가 자신을 떠나 궁 밖으로 쫓겨나간 것을 알고 자금성의 정문을 향하여 달려가지만 그 육중한 정문은 황제가 성 밖으로 나가지 못하도록 닫혀버리고 그의 앞에 신하들이 머리를 조아리며 그를 막는다. "문을 열어라"라고 외치지만 황제는 궁 밖을 나갈 수 없는 몸이기에 그는 힘없이 발걸음을 되돌릴 수밖에 없다. 그 후 만주국 황제였을 때도 자신을 떠나는 황후를 다시 데려오려고 궁의 정문을 향해 빠른 걸음으로 갔지만, 그 문도 그의 앞에서 닫히면서 그의 길을 가로막는다. "문을 열어라(Open the door!)"는 누군가, 무엇인가에 의해 구속당하는 그의 삶을 벗어나고자 외치는 그의 내적 절규로 들린다.

푸이가 감옥에서 지내는 동안 자신의 반평생에 대하여 썼던 자서전 ≪황제에서 시민으로≫를 영화로 만든 작품이 〈마지막 황제〉이다. 이 영화는 1987년 미국에서 작품상, 감독상, 음악상, 미술상, 의상상 등 아카데미상 9개 부문을 휩쓸면서 대성공을 거두었고, 일반인들에게 출입이 금지되었던 자금성을 미국을 비롯한 세계에 알리는 공을 세웠다.

푸이의 파란만장하였던 삶을 통해 권력과 재력이 결코 인간을 행복하게 해주지 않는다는 것을 배우게 된다. 시대와 운명의 소용돌이 속에 휩쓸려 아름다운 궁궐과 황제의 옥좌, 젊고 아리따운 황후와 후궁, 권력과 명예, 그 모든 것을 내려놓아야 하였던 비운의 마지막 황제의 삶을 보면서 권력과 부귀영화의 덧없음을 새삼 깨닫는다. 부와 명예와 권력을 영원히 소유할 것처럼 자랑할 수 없다.

황실이 사라진 요즘, 이제는 중국인들에게 더 이상 '자색의 금지된 성'이 아닌 '고궁'으로 불리는 자금성은 이제 세계 각 곳에서 하루 5만여 명의 관광객들이 몰려오는 중국 최대 관광명소가 되었다. 그리고 500여 년 동안 구중궁궐 안에 살았던 황제들과 태후, 황후들의 비밀스러웠던 삶과 죽음의 진실, 권력을 둘러싼 음모와 암투, 눈물과 원한과 한숨, 기쁨과 슬픔의 애환들이 세상에 점점 밝히 드러나고 있다.

서서히 혹은 급작스럽게 몰아치는 시대와 세월의 거대한 물결 앞에서 모든 권력과 세상의 부귀영화를 내려놓고 언젠가 빈손으로 돌아가는 인생이라는 진리를 자금성을 찾는 이들에게 마지막 황제 푸이는 말하고 있는 것 같았다. 그리고 직업인으로 살든지, 가정에서 가족을 돌보며 살든지 자유로운 일상인의 삶이 황제의 삶보다 더 행복한 삶임을 깨닫고 그 행복을 누리며 이웃과 나누는 삶을 살라고, 세월의 빛에 퇴색해버린 황제 옥좌에서 가르치고 있는 듯하였다.

(교포신문 2015년 8월)

중국 최대 황실정원 '이화원'과 서태후

올 9월, 영국의 엘리자베스 2세 여왕은 빅토리아 여왕보다 더 오랜 기간 여왕의 권좌를 지킨 최장기 통치자가 되었다. 어떻게 엘리자베스 2세가 영국 황실의 여왕의 자리를 그토록 오래 지킬 수 있었을까? 이는 영국의 통치 방식이 다른 유럽나라의 황실과 달리, 왕이 모든 정치권력을 가진 것이 아니라 '군림하되 통치하지 않는다'는 원칙에 따라 정치는 내각의 수상에게 맡기고 왕은 국가를 상징하고 대표하는 위엄과 권위를 가지며 국가의 중요한 사안에 대한 최종 결정권만 가지기 때문이다.

이러한 전통은 엘리자베스 2세 여왕의 고조모인 빅토리아 여왕 때 확립되어 이어져 오고 있다. 빅토리아 여왕의 어머니는 독일 여성으로서 여왕은 엄격한 어머니의 교육을 받으며 자랐다고 한다. 빅토리아 여왕은 1837년 6월, 만 18세에 여왕이 되어 1901년

1월 세상을 뜨기까지 63년이 넘도록 영국을 통치하였다. 빅토리아 여왕이 영국이 '해가 지지 않는 나라'라는 말을 들을 만큼 영국의 화려한 최전성기를 이끄는 동안, 중국 청나라에서는 서태후가 중국의 최고통치자로서 권력을 잡고 있었다.

서태후는 청나라 말기의 황제이었던 아들 동치제(1856~1875)와 조카인 광서제(1871~1908)의 뒤에서 중국을 지배하였던 여인이다. 황제였던 함풍제가 만 서른 살의 나이에 병으로 세상을 뜬 후, 정실황후였던 자안황후가 황제의 궁을 중심으로 동쪽 궁에서 살았기 때문에 '동태후'라고 불리었고, 후궁이었다가 아들을 낳아 황후가 되었던 자희왕후는 서쪽 궁에서 살았으므로 '서태후' 라고 불리었다고 한다. 형식적으로는 어린 황제였던 동치제의 섭정을 두 태후가 맡은 것으로 정하였지만, 동태후는 정치에 큰 관심이 없었으므로 실제적인 국정의 실권은 서태후가 장악하였다.

이화원은 북경에서 서북쪽으로 약 10km 떨어진 곳에 위치한 서태후의 여름 별장이다. 서태후는 노후를 편안하고 아름다운 여름 별장인 황실 정원 이화원에서 보내기 위해 본래 해군 경비였던 국고를 사용하여 자금성보다 4배나 큰 이화원을 짓도록 하였다. 72만m^2의 땅에 약 800개의 건물과 약 9천 개의 방이 있는 세계 최대 규모의 황실 궁궐인 자금성보다 4배나 크니, 얼마나 큰 정원인지 상상하기 어렵다. 이화원의 4분의 3은 '곤명호'라는 인공호수로 이루어져 있는데 이 호수를 만들기 위해 14년이나 땅을 파내어 그 흙으로 맞은편 만수산을 만들었다고 한다. 눈이 오든 비가 오든 산책할 수 있도록 천정이 덮여 있고, 273칸의 회랑으로 이루어진 세계에서 가장 긴 728m 길이의 복도 장랑(長廊)이 만들어졌다. 이 장랑은 서태후가 기거하였던 '낙수당'부터 그녀가 불공을 드리곤 하였던 '불향각' 입구까지 연결된다. 이 장랑의 중간에 네 개의 정자가 만들어져 있는데 봄, 여름, 가을, 겨울을 뜻한다고 한다. 장랑을 걸어가다가 잠시 숨을 돌리고 쉬어갈 수 있도록 만들어진 것으로 보였다.

장랑을 따라 걸어가면 천장과 대들보마다 중국 화가들이 삼국지, 서유기 등에 나오는 역사와 신화 속의 이야기들을 그린 새, 물고기, 꽃 등 약 1만4천 점의 그림이 그려져 있는데 단 한 점도 똑같은 그림이 없다고 한다. 서태후의 예술적 심미안이 매우 높았다는 것을 알 수 있었다.

이 장랑을 천천히 걸어보면서 '서태후는 이 긴 복도를 걸어 다니면서 바다처럼 보이는 저 넓고 푸른 호수를 바라보며 무슨 생각을 하였을까?' 하는 생각을 하였다. 47년이라는 긴 세월 동안 권력의 치열한 암투와 음모를 겪으며 최고의 통치자로 군림하였던 그녀는 이 긴 복도를 거닐며 나라의 장래를 걱정하는 한편, 어떻게 자신의 권력을 견고하게 지켜 나갈 수 있을까 깊은 생각에 잠기곤 하였으리라.

펄벅 여사가 1956년에 쓴 ≪서태후≫(Imperial Woman) 소설에는 일반적으로 알려진 악한 독재자나 권력 지배욕에 사로잡힌 서태후가 아닌, 그녀가 그렇게 비춰질 수밖에 없었던 '꽃과 칼날의 여인'으로 묘사되고 있다. 펄벅 여사는 소설 ≪대지≫로 노벨문학상을 수상한 유일한 미국 여류작가였으며 중국 선교사였던 아버지를 따라 18세가 되기까지 중국에서 살았다.

이 책에 따르면, 서태후는 16살 때 후궁 중의 한 명으로 자금성에 들어가 황제로부터 황후로 간택되는 최고의 행운을 얻기 위해 자신이 사랑하는 연인의 사랑을 포기하였다. 그리고 병약한 황제 함풍제의 황후가 되어 아들을 낳았다. 함풍제가 일찍 병으로 죽은 후, 아직 만 네 살에 불과한 아들을 황제에 즉위하게 만들고 수렴청정을 시작하였다. 아들 동치제가 스무 살의 젊은 나이로 급사하자 혹시 황후의 임신 중인 아기가 황제로 지명될 것을 막기 위해 며느리 효철의황후에게 책임을 물어 자결하게 만들었다.

서태후는 권력을 장악하고 유지하기 위해 마음과 생각 속에서 늘 예리한 칼날을 갈며 아들 동치제와 며느리, 시숙 공친왕까지 물리치고 최고의 권좌에 앉아 중국 천하를 손안에 가지고 있었지만 마침내 시대의 흐름에 무릎을 꿇어야 했다. 한 여성으로서 지아비의 사랑과 아들의 효도를 받는 평범한 사랑받는 여인으로서의 삶을 그리워하며 권력과 사치가 결코 채워줄 수 없는 영혼의 목마름을 안고 살았던 외로운 여인으로 서태후는 이 책에서 묘사되고 있다.

또한 서태후는 위대한 여성이 통치하는 국가라는 이유만으로 항상 영국을 선호했으며, 영국의 빅토리아 여왕의 초상화를 침실에까지 걸어놓았다는 내용이 이 소설에 쓰여 있다. 그러나 정치는 내각에 맡기고 중요한 사안의 최종 결정권만 가짐으로써 끝까지 왕으로서의 위엄과 권위를 지녔던 빅토리아 여왕과는 달리 그녀는 모든 정치의 실권을 쥐고 권력을 행사함으로써 수많은 정적들과 끊임없이 싸우다가 결국 청나라는 망하고 말았다.

그녀는 1908년 만 73세의 나이로 '여인이 정사에 관여하는 일이 없도록 하라'는 유언을 남기고 세상을 떠났다. 이 유언은 그녀가 권좌에 앉아있는 동안, 결코 행복한 여인으로 살지 못하였고, 성공한 권력자가 되지 못하였다는 것을 간접적으로 말해주는 것이리라. 중국에 태평시대가 오도록 서양 세력으로부터 나라를 지키려 했으나 결국 근대화의 물결을 막지 못하고 그녀가 거의 반세기에 이르도록 황제 위에 군림하며 다스렸던 청나라는 그녀가 눈을 감은 지 약 삼 년 후인 1912년 2월, 신해혁명에 의해 역사의 장에서 사라지고 말았다. 세상을 떠나기 전에 만 세 살인 '푸이'를 황제로 세웠지만, 푸이는 황제로 즉위한 지 3년 만에 퇴위되고 자금성으로부터 출궁당하는 중국의 마지막 황제가 된다.

중국 최대 규모의 황실 정원이었던 이화원에는 오늘도 세계 각곳에서 이곳을 찾는 관광객들의 발길이 끊이지 않는다. 서태후가 장랑을 걸으며 사색에 잠기고, 인공호수에 배를 띄우고 누렸던 호사함을 이곳을 찾는 중국인들과 세계에서 몰려오는 관광객들이 잠시나마 누리고 간다.

서태후가 지극정성 공을 들여서 만든 이화원은 1998년 유네스코 세계문화유산이 되었고 세계 속의 중국을 만드는데 한몫을 톡톡히 하고 있으니 그녀는 죽어서도 중국을 보이지 않게 지배하고 있는 여제인 것일까? 혹은 자신이 누렸던 편안함과 호사함에 대한 빚을 갚는 마음으로 후세들도 '이화원'이라는 이름의 뜻대로 편안함과 평화를 누리도록 그토록 공을 들여 이 정원을 만들어 놓은 것일까?

(교포신문 2015년 9월)

‘북유럽의 베네치아’ 스톡홀름

유럽에서 지난 백 년이 넘도록 매년 세계의 시선이 집중되는 나라가 있다. 다이너마이트를 발명한 알프레드 노벨(Alfred B. Nobel 1833~1896)의 유언에 따라 1901년부터 매년 노벨상 수상자를 발표하고 있는 스웨덴이다.

어느 날 아침, 노벨은 ‘다이너마이트 무기를 발명한 죽음의 상인’으로 자신을 지칭한 신문 부고 기사를 읽고 충격을 받는다. 세상을 떠난 그의 형 이름 대신에 잘못 실린 부고 기사였으나 이는 노벨의 인생을 바꾸는 계기가 되었다. 일생 독신으로 지내면서 댐이나 터널을 뚫는 등 인류의 유익을 위해 연구, 발명한 다이너마이트가 파괴와 살육에 쓰이는 전쟁무기로 사용될 줄은 그 자신도 몰랐던 일이었다. 그는 전쟁과 파괴, 죽음을 파는 ‘죽음의 상인’이 되지 않고 세계평화에 공헌하는 평화주의자가 되기 위해 약

900만 달러의 유산을 노벨상 기금으로 기부하였다.

노벨상은 처음에 물리학, 화학, 생리 의학, 문학, 평화 부문에서 수상자를 선정하였으나 1968년에 스웨덴 중앙은행이 노벨경제학상을 제정, 현재 6개 부문에서 매년 인류에 공헌한 자들을 각 나라 및 단체의 추천을 받아 선정, 그 공로를 치하하고 시상식을 개최하여 축하해주고 있다. 시상식은 노벨의 추모일인 12월 10일에 스웨덴의 수도 스톡홀름 콘서트홀에서 성대하게 이루어지며 노벨평화상은 같은 날, 노르웨이 오슬로에서 매년 시상하고 있다.

새해를 앞둔 지난해 연말, 스웨덴의 수도 스톡홀름에 며칠간 여행을 다녀왔다. 공항에 내려서 입구로 걸어 나오는 길을 따라 다른 나라 공항에서는 볼 수 없었던 벽 사진들이 눈에 들어왔다. '우리의 고국에 오신 것을 환영합니다.'라는 글귀 아래에 스웨덴을 대표하는 학자, 예술가, 작가 등의 대형 사진이 벽을 따라 길게 붙어 있었고 그들은 미소 띤 얼굴로 스웨덴을 찾는 세계인들을 향해 환영의 인사를 하고 있었다.

스웨덴이 자랑하는 학자 가운데는 단연 생물분류학자 칼 폰 린네(Carl von Linné 1707~1778)가 꼽힌다. 그는 전 세계에서 같은 생물 종에게 같은 학명을 지어 부를 수 있게 하였다. 또 스웨덴 문학가 중에는 세계 100여 개국에 약 85개 언어로 번역되어 널리

읽히고 있는 ≪말괄량이 삐삐≫(독일어: Pippi Langstrumpfe)의 작가 아스트리드 린드그렌(Astrid Lindgren 1907~2002)이 있다. 그녀는 20세기 최고의 아동문학가로 꼽히고 있으며 그녀의 원고, 초고 필사본과 관련 기록은 2005년에 유네스코 문화유산으로 등재되었다.

스톡홀름 대학을 거쳐 스톡홀름 시청사에 이르니, 그 앞에 스웨덴의 3대 호수라는 멜라렌 호수가 길게 펼쳐져 있었다. 이 시청사는 붉은 벽돌로 지어졌고, 106m의 높은 탑이 세워져 있는데 그 위에서 스톡홀름 전경을 바라볼 수 있으며 궁정처럼 우아한 자태를 지닌 이 건물은 북유럽 최고의 건축물로 꼽힌다고 한다. 이 시청 안에는 열다섯 쌍의 대리석 기둥이 열주를 이루고 있는 회랑이 있는데 그 벽면은 스웨덴의 오이겐 왕자가 직접 그렸다는 프레스코 벽화로 장식되어 있어 '왕자의 갤러리'로 불리고 있다.

그 갤러리를 지나서 노벨상 수상자들이 시상식 후에 저녁 만찬을 하는 널찍한 블루 홀(Blue Hall)을 관람하였다. 수상자들이 만찬장을 향해 걸어 내려오는 2층의 길고 좁은 복도와 폭이 넓고 경사가 난만한 계단을 천천히 걸어 내려오면서 잠시나마 수상자의 기분을 느껴보는 시간도 가졌다. 만찬 후 수상자들과 참석자들이 왈츠를 추는 '황금 방'을 구경하였는데 이 방의 벽면은 약 1,900만 개의 금 모자이크 조각을 박아서 벽화를 만들었다고 한다.

시청사를 나와서 '감라스탄(Gamla Stan)'이라고 불리는 구시가지에 들어섰다. 유럽에서 중세시대 모습이 가장 잘 보존된 마을로 꼽히는 이곳은 13세기에 형성된 '살아있는 박물관'으로 불린다. 이 구시가지 광장에 들어서니, 세월의 흔적이 묻어나는 오래된 분수대가 세워져 있고 그 맞은편에 노벨의 사진이 크게 붙여진 건물이 눈에 띄었다. 매년 노벨문학상 수상자를 발표하는 스웨덴 아카데미 본부라고 하였다. 우리나라 작가 가운데에도 언젠가 노벨문학상 수상자가 나오기를 바라는 마음으로 유리문 앞에서 기념사진을 몇 장 찍었다. 이 작은 광장을 중심으로 고풍미를 풍기는 아름다운 카페, 레스토랑, 기념품 상점 건물이 길가에 즐비하게 세워져 있었다.

14개의 크고 작은 섬과 호수가 57개의 다리로 이어진 스톡홀름은 크고 웅장한 인상을 남겨주는 호반 도시였다.

바다처럼 보이는 너른 호수에 크고 작은 배들이 떠 있고 호수 건너편에 건물들이 세워져 있는 모습은 이탈리아의 베네치아보다 훨씬 규모가 커 보였다. 아담한 커피점에서 우리는 커피와 코코아로 추위를 잠시 녹이며 한해를 마감하는 송년 마지막 반나절을 스톡홀름에서 보내고 오후 네 시경 어둑해질 무렵, 새해를 집에서 맞이하기 위해 독일로 떠나는 비행기에 올랐다.

스톡홀름을 다녀와 보니 지난겨울에 이사한 새집에 들여놓은 현관 신발장에서부터 안방 옷장까지 IKEA 가구인 것이 눈에 새롭게 들어왔다. 산림이 국토의 약 50%를 차지하는 스웨덴의 나무들로 만들어진 가구들이다. 딸아이 옷장을 열면 독일에서도 십대, 이십 대가 즐겨 찾는 의류 브랜드로 자리 잡은 H&M에서 산 옷들이 많다. 비록 스웨덴 나라라는 하드웨어는 떠나왔지만, 스웨덴의 소프트웨어를 집안에 두고 사는 셈이라 할까?

〈Waterloo〉〈Mama Mia〉 등 세계인의 가슴에 주옥같은 팝 음악을 선사한 전설적인 혼성 4인조 ABBA 그룹도 스웨덴의 빼놓을 수 없는 자랑이다. 그들의 노래와 음악은 지금 다시 들어도 마음에 감동과 영감을 불어넣어 준다. 구정을 앞두고 그들이 부른 〈I have a dream〉을 들으며 그 가사에 나오는 대로 '모든 일에는 그래도 어떤 좋은 면이 있다'(something good in everything I see)는 긍정적인 생각을 가지고, 우리 앞에 출렁거리며 흐르는 강을 노래 부르며 건너갈 수 있기를, 꿈과 환상을 품고 어려움을 헤쳐가기를 바라는 마음이다.

I have a dream, a song to sing
To help me cope with anything.
(내겐 어떤 것이든 극복할 수 있도록 해주는
꿈과 부를 노래가 있어요.)

I have a dream, a fantasy

To help me through the reality

(내겐 현실을 헤쳐 가도록 해주는

꿈과 환상이 있어요.)

I'll cross the stream. I have a dream.

(난 강을 건널 ≪어려움을 헤쳐 나갈≫ 거예요. 내겐 꿈이 있어요.)

(교포신문 2016년 2월)

세계 문화유산도시, 터키 에베소를 찾아

남편이 독일에 온 지 30년 축하 여행차 평소 친하게 지내는 선배 두 가정과 함께 터키 여행을 다녀왔다. 터키는 유럽과 아시아, 그리고 중동을 잇는 다리 역할을 하는 중요한 지리적 위치에 놓여 있는 나라이다. 남쪽으로는 시리아와 이라크, 동쪽으로는 이란과 아르메니아, 그루지야, 북서쪽으로는 불가리아와 그리스 등 7개국이 인접해있는 나라이다. 아직 EU에 들지 못하였고 독일의 1유로가 터키의 3리라 정도라서 독일보다 물가가 싼 편이었다.

터키 여행에서 돌아온 지 며칠 지났는데도 아직도 코발트블루색의 지중해, 에게해 물결이 눈앞에 출렁거리는 듯하다. 여행사에서 제공한 여행 코스는 에베소, 한 시간 정도 배로 타고 다녀온 그리스의 로도스 섬과 세계에서 석회석으로 이루어진 유일한 곳이며 치료의 효과가 있다는 온천으로 관광객들이 즐겨 찾는 파묵

칼레 등이었다. 여행 중간에 터키에서 자랑하는 양탄자 제조공장과 보석제조, 가죽제품 공장을 각각 견학하고 구매를 원하는 관광객들은 독일보다 훨씬 저렴한 가격으로 제품을 살 수 있었다. 특히 마룻바닥에 앉아 색색의 염색된 여러 실타래를 틀에 얹어놓고 앞에 놓인 본보기에 따라 무늬와 색에 맞추어 빠른 손놀림으로 양탄자를 짜고 있는 터키 여성들의 모습을 보면서 양탄자가 극도의 공이 들어간 예술품이라는 것을 새롭게 인식하는 계기가 되었다.

터키에 대한 인상은 그리스와 비슷하게 곳곳에 올리브 나무가 서 있었으나 벌거숭이산이 많은 그리스와는 달리 산과 들판이 많아 한국의 옛 농촌 길을 달리는 듯한 느낌이 들기도 하였다. 터키 국민의 99%가 모슬렘인 만큼 곳곳에 둥근 지붕의 사원과 그 옆에 높이 뾰족하게 세워진 종탑의 모슬렘 사원이 세워져 있었다. 하얀 그리스풍 가옥과 포도주로 알려진 작은 '쉬린제' 마을에 들어섰을 때는 '우우'거리며 노래인지 기도인지 알 수 없는 기도 소리가 종탑의 확성기를 통해 온 마을 지붕을 덮는 듯하였다.

여행 첫날 아침 9시 30분에 프랑크푸르트 공항에서 출발한 비행기로 세 시간 반 정도 걸려서 터키 이즈미르 공항에 도착하였다.

이즈미르는 터키에서 세 번째로 큰 도시이며 또한 제2의 항구 도시이기도 하다. 요한계시록에 나오는 아시아 일곱 교회 중의 하나인 서머나(스미르나) 교회가 있었던 서머나 지역이었다고 한다. 공항에 내리니 눈발이 조금씩 날리고 있었다. 이즈미르에 눈이 내리는 것이 처음이라고 공항 직원이 말하였다.

우리 일행을 포함한 독일에서 온 관광객들은 공항 앞에 대기하고 있던 관광버스 네 대에 30명 정도씩 나누어 올라탔다. 우리 버스에 올라탄 여행 안내자는 머리가 희끗희끗한 49살의 터키 남자였다. 우리나라 같으면 20대나 30대의 젊은 여성 안내자를 썼을 텐데 문화의 차이를 느낄 수 있었다. 여행지 안내를 잘할 수 있는 사람이 좋은 안내자가 되는 것이지 성별이나 외모, 나이가 중요한 것이 아닌 것은 독일과 비슷한 문화라는 생각이 들었다.

터키어로 '왕'을 뜻하는 '하칸'이라는 이름을 가진 그 가이드는 8박 9일 동안 해박한 역사 지식과 당시 사람들의 철학을 곁들여 유창한 독일어로 여행지 안내를 매우 훌륭하게 해주었다. 실제로 그는 관광버스 안에서 손님들에게 안내 설명을 하는 중에 그 주제에 해당하는 괴테의 시도 암송하여 들려주었고, 자신이 감명 깊게 읽었다는 기독교와 이슬람의 세계를 읽을 수 있는 책도 추천해주었다.

시원하게 넓게 펼쳐진 푸른 바다가 앞에 보이는 호텔에 도착한 시각은 오후 한 시 반경. 세차게 몰아치는 바닷바람에 야자수 큰 잎사귀들이 춤을 추고 있었다. 저녁 6시에 식사를 하고 그날은 휴식 일정이었다. 궂은 날씨에 무리하게 관광하는 것보다 맑은 날씨에 에베소 지역을 관광하는 것이 좋다는 안내자의 말이었다.

다음 날 아침, 도착했던 날보다 과연 날씨가 맑게 갰다. 첫 관광 장소는 에베소 유적지. 여기저기 돌무더기들이 쌓여 있는 길을 따라 올라가니 셀수스 도서관이 웅장한 모습으로 눈에 들어왔다.

이 도서관은 전면에 네 개의 기둥이 세워져 있고 각각 지혜와 미덕, 학문, 운명을 상징하는 정교하게 새겨진 인물 조각상이 서 있었다. 약 1만2천 권의 장서를 그 당시에 소장하였던 이 도서관은 알렉산드리아, 버가모 도서관과 더불어 당시 고대 3대 도서관에 꼽혔다. 사도 바울이 2년 동안 날마다 성경을 강론하였던 두라니 서원이 있던 자리 근처에 서기 110년경 이 도서관이 세워졌다고 한다.

셀수스 도서관에서 윗길을 따라 올라가니 거대한 원형경기장이 산기슭에 자리 잡고 있었다. BC 3세기 헬레니즘 시대에 처음 지어졌는데 1세기 로마 시대 말기에 증축하여 검투사와 맹수의 혈전이 이루어지던 곳이기도 하다. 이곳에서 사도 바울이 설교도 하였고, 검투사들이 맹수들과 싸우기도 하였다 한다. 로마에서만 원형경기장을 볼 수 있는 것으로 알고 있었는데 에베소에 약 2만

5천 명이나 들어갈 수 있는 대경기장이 있다는 것은 상상 밖이었다.

이곳에서 다시 위쪽으로 돌길을 따라 올라가니, 성모 마리아가 여생을 보낸 곳을 기념하기 위해 세워진 '성모 마리아의 교회'라고 쓰인 표지판이 눈에 띄었다. 성모 마리아의 교회를 보고 싶은 마음에 그 길을 따라갔으나 교회 건물은 없었고 단지 무너져있는 돌들이 여기저기 흩어져 있는 곳 앞에 관광지 안내 표지판이 세워져 있을 뿐이었다. 이 마리아 교회는 최초로 성모 마리아의 이름을 딴 교회라고 한다. 그러고 보니 로도스 섬의 린도스에서 방문하였던 비잔틴 양식의 아름다운 교회도 성 마리아 성당이었다.

에베소 방문 마지막 날에는 사도 요한의 교회를 방문하였다. 십자가에서 못 박혀 달린 아들의 고통스럽고 처참한 모습에 심장이 찔리는 듯한 통증을 겪는 어머니 마리아의 여생을 예수님이 그에게 부탁하신 것을 볼 때 그가 몹시 신뢰하고 아끼던 제자였던 것을 알 수 있다.

요한은 예수님의 유언에 따라 마리아를 에베소까지 모시고 와서 여생을 안전하게 보내도록 섬겼다. 그 당시 에베소는 각지에서 몰려오는 피난민들을 안전하게 살도록 받아주었던 곳이라고 안내자가 설명해주었다. 마치 오늘날 전쟁이나 가난을 피해 독일이나 유럽으로 피난 오는 시리아 난민들을 받아주는 곳이었으리라.

사도 요한의 교회에서 성도들이 세례를 받던 곳과 사도 요한의 무덤 자리를 보았는데 마치 성경 속 2천 년 전 사도를 다시 만나는 듯한 감격을 선사하였다. 계시록은 그 당시 기독교를 몹시 박해하던 로마의 도미티아누스 황제에 의해 유배를 당하였던 밧모섬에서 기록하였으나 황제가 죽은 후, 밧모섬에서 풀려나 에베소로 다시 돌아와 요한복음과 요한 서신을 기록하였다고 한다. 에베소에서 사도 요한이 요한복음을 기록하였다는 사실은 처음 알게 되었다. AD 100년경 사도 요한이 묻힌 아야술룩 언덕에 4세기경 요한을 기념하는 작은 교회가 세워졌다가 6세기 유스티니아누스 황제 때에 현재의 요한 기념교회가 건축되었다고 한다.

사도 바울이 2년 동안 두란노 서원에서 날마다 성경을 가르침으로 에베소를 통해 소아시아에 복음이 널리 전파되었다고 성경은 기록하고 있다. 또한, 사도 바울은 후에 자신이 개척하였던 에베소교회 성도들에게 보내는 서신을 써서 지금까지 '에베소서'라는 신약성경의 중요한 서신이 남아있다. 에베소교회의 첫 주교였던 디모데는 에베소에서 순교의 피를 흘리게 된다. 그리고 사도 바울의 선교여행에 동행하였던 누가의 무덤도 에베소에 있다. 그동안 성경에서만 읽고 알던 마리아, 사도 요한, 누가복음과 사도행전을 기록한 의사 누가, 사도 바울이 아들같이 아끼고 사랑하였던 순수한 믿음을 가졌던 디모데 등 위대한 성경의 인물들이 묻힌 성지를 방문하고 있다는 것이 잘 실감이 나지 않았지만, 또 한편으로 감개무량한 마음이 드는 것은 부인할 수 없었다.

우리가 여행을 떠나기 며칠 전에 터키 이스탄불에서 테러가 일어나서 며느리가 우리의 첫 터키 여행을 몹시 염려해 주었는데 무사히 다녀와서 이렇게 글을 쓰고 있으니 감사한 마음이다. 터키 에베소가 다시 한번 2천 년 전의 거룩한 땅이 되고 찬란한 영광의 빛이 발하기를 바라는 마음이다.

(교포신문 2016년 3월)

'독일의 피렌체' 드레스덴

올해 독일 통일 26주년 기념 축제행사는 지난 10월 3일, 작센주의 수도인 드레스덴에서 열렸다.

통일의 날 전날 밤 10시부터 엘베강변에서는 대형 레이저 쇼가 아름답게 펼쳐졌고 독일 통일을 축하하는 찬란한 폭죽이 터졌다. 베토벤의 9번 합창교향곡의 '환희의 송가'가 배경 음악으로 나오며 '우리는 모두 한 형제'라는 합창이 울려 퍼졌다. 이 행사가 열리기 열흘 전쯤 드레스덴 여행을 다녀왔기에 더 관심 있게 통일의 날 행사 소식을 시청하였다.

2박 3일로 다녀온 짧은 드레스덴 여행은 무더웠던 여름 날씨가 한풀 꺾인 후 다녀온 가을맞이 여행이 되었다. 철의 장막이 무너진 후, 1990년 독일 통일이 이루어진 해에 몇몇 친구들과 함께

차로 체코와 헝가리를 여행하면서 잠시 이 도시를 지나가기만 하여 이번이 첫 드레스덴 방문 여행이 된 셈이다.

시내 곳곳에 세워진 궁전, 성당, 교회 건물들이 독일이라기보다 유럽풍의 이미지가 물씬 풍기는 도시였다. 아름다운 문화재 건축물들과 조각상들이 마치 이탈리아나 체코에서 보는 듯, 독일의 도시라기보다 '유럽의 도시'라는 인상을 주었다. 단체 관광객들이 눈에 많이 띄었고, 이들을 청중 삼아 피아노를 연주하는 피아니스트, 오페라 아리아를 부르는 가수, 발걸음을 멈추게 하는 은은한 금관 4중주 연주자 등이 많아 예술의 도시다운 면모를 볼 수 있었다.

시내 중심지에 숙박 장소를 구했는데 바로 눈앞에 시계탑처럼 보이는 성 십자(Kreuz) 교회와 시청사가 눈에 들어왔다. 그곳에서 5분 정도 걸어가니 드레스덴의 상징이라고 할 수 있는 웅장하고 정교한 바로크 양식의 프라우엔 교회(Frauenkirche)가 보였다. 루터파 개신교회여서 그런지 교회 앞 광장에 마틴 루터 동상이 세워져 있었다. 루터의 종교개혁은 내년에 어언 500주년을 맞는다.

1726년에서 1743년에 걸쳐 지어진 프라우엔 교회는 2차 세계대전 때 파괴되어 수십 년간 폭격을 받은 상태로 놓여 있었다. 그러나 드레스덴 시민은 언젠가 다시 이 교회를 재건할 꿈을 간직하고 무너진 돌들에 번호를 매겨 보관하였는데 현재 교회 건물

외벽에 군데군데 검게 그을린 돌들이 섞여 있는 것은 당시 시민들이 보관하였던 돌들이라고 한다. 본격적인 복구 작업은 1994년에 독일 태생 미국인 생물학자 귄터 블로벨(Günter Blobel)이 미국으로 망명하기 전에 보았던 프라우엔 교회 모습의 기억을 되살려 짓기 시작, 1999년 노벨의학상을 받고 그 상금을 모두 교회 재건 사업에 기부하였다고 한다. 드디어 2005년에 여러 개인과 단체, 당시 드레스덴을 폭격한 연합군이었던 영국과 미국의 노력이 합쳐져 재건축된 프라우엔 교회는 전쟁과 폭격을 딛고 일어선 화해와 평화의 메시지를 전해주고 있다.

교회 안에 들어가니, 정면 위쪽에 달린 파이프오르간과 황금빛 찬란한 연단이 시선을 사로잡았다. 정면 가운데에는 십자가 죽음을 앞두고 감람산에서 무릎 꿇고 기도하시는 예수님과 그를 돕는 천사의 모습이 새겨져 있었다. 4층까지 좌석이 마련된 대규모 교회로서 원형 지붕의 천장은 아름다운 8개의 그림으로 장식되어 있었다.

교회를 나와 엘베강가로 걸어 나가는 좁은 골목 길가에 레스토랑, 카페들이 즐비하게 늘어서 있고 엘베강이 내려다보이는 곳으로 올라가니 강가를 따라 고풍스러운 건물들을 볼 수 있었다. 괴테가 '유럽의 테라스'라고 일컬었다는 브륄의 테라스였다.

엘베강을 내려다보며 이곳을 산책하듯 거닐다 길 끝에 있는 계단으로 내려가면 드레스덴의 심장부에 있는 젬퍼 오페라극장을 볼 수 있다. 이 오페라극장은 건축가 고트프리드 젬퍼(Gottfried Semper)에 의해 설계된 유럽에서 가장 아름다운 오페라 극장이었다고 한다. 당시 드레스덴의 궁정 지휘자였던 바그너의 대표작 〈탄호이저〉가 1845년에 이곳에서 초연되었다. 화재로 타버린 건물을 재건축하였으나 이 건물 역시 2차 세계대전 때 파괴되었다가 40년 만인 1985년에 지금의 모습으로 복원되었다.

이 오페라 극장 옆에 바로크 양식의 걸작품으로 꼽히는 츠빙거(Zwinger) 궁전이 있다. 드레스덴이 '독일의 피렌체'라고 불릴 만한 도시라는 것을 인정하게 할 만큼 츠빙거 궁전은 섬세하고 정교한 건축술을 보여주었다. 특히 화려한 왕관 모양으로 문이 장식된 크로넨(Kronen) 문은 궁전의 위엄을 한껏 드러내고 있었다. 너른 정원에 각각 평화롭게 보이는 분수가 솟는 네 개의 연못과 '요정의 샘'이라는 이름을 가진 연못은 츠빙거 궁전이 '드레스덴의 오아시스'라고 일컬어지게 하였다.

작센 선제후였던 아우구스투스 2세 때에는 손님을 접대하는 영빈관으로도 사용하고 축제와 행사 등이 열렸던 곳으로 지금은 드레스덴 국립미술관, 도자기 전시관 등 박물관으로 사용되고 있는데 미술관 안에는 루벤스, 렘브란트, 뒤러 등 세계적으로 알려진 명작이 전시되어 있다고 한다. 관람권을 따로 사야 들어갈 수 있는데 시간상 그냥 지나게 되어 아쉬운 느낌이 들었다.

세계적으로 알려진 드레스덴 야경을 놓칠 수 없어 낮에 둘러본 시가지를 밤 9시경 다시 보려고 시내로 걸어 나갔다. 프라우엔 교회를 지나 '브륄의 테라스'로 걸어가니 앞쪽에 바라보이는 호프 교회(Hofkirche)는 밤 불빛으로 찬란한 궁전처럼 빛을 뿜고 있었다. 엘베강이 아래에 흐르고 있는 아우구스투스 다리를 건너가면 신시가지가 나오는데 다리 중간쯤까지 걸어가서 구시가지 야경만 사진에 담고 숙소로 돌아왔다.

1945년 제2차 세계대전 때 도시가 거의 파괴되었으나 다시 아름답게 복구된 드레스덴은 세계 각국에서 몰려오는 관광객들에게 재건을 위한 시민들의 꿈과 비전, 희생과 단결의 힘이 전쟁과 폭격으로 인한 파괴의 힘보다 더 강함을 명백히 보여주고 있었다. 독일 생활 30년이 다 되어서야 독일에서 가장 아름답다는 도시를 둘러보고 난 후, 드레스덴이 독일에 있다는 것이 자랑스러웠다. 단지 고풍스럽고 예술적으로 지어진 수많은 성, 교회, 성당 등의 건축물이나 조각상 때문만이 아니라 전쟁과 폭격을 딛고 재건의 꿈과 의지를 잃지 않았던 불굴의 시민 정신이 깃들어있는 도시이기 때문에 더욱 그러하였다.

독일이 통일되었기에 옛 동독지역인 드레스덴을 방문할 수 있는 행운을 가졌으니, 독일 통일을 위해 애쓴 독일의 정치가, 종교인, 시민들에게 감사할 일이다.

젬퍼 오페라 극장에서 열렸던 26주년 독일 통일의 날 기념행사에서 작센주 틸리히(Tillich) 주지사가 환영사를 시작하며 "독일이 통일되었듯이 70년간 분단된 한국도 언젠가 통일되기를 기원한다."는 말에 청중들이 손뼉을 크게 쳤던 장면이 떠오른다. 세계에서 유일한 분단국가 한국을 기억하고 통일의 날 축제를 시청하고 있는 한국인의 심정을 대변해주는 말에 감동이 되었다. 우리나라도 언젠가 통일이 된다면 구 북한의 도시 평양에서 한국 통일의 날 축하 행사가 열릴 날이 오지 않을까?

(교포신문 2016년 10월)

마케도니아, 알렉산더 대왕과 마더 테레사의 나라

처음으로 발칸 남부의 마케도니아를 여행하였다. 먼저 마케도니아에 대한 정보와 사전 지식을 조금이라도 공부하고 떠나야 하지 않을까 싶었지만, 미처 그럴 여유를 갖지 못하고 떠나면서 아무 사전 지식이 없는 상태로 가서 보고 느끼고 돌아오는 것도 좋겠다는 생각이 들었다. 선지식이 없는 상태에서 보아야 선입견 없이 순수하고 강한 인상을 받지 않을까 하는 생각도 들었다.

수도인 스코페의 아담한 공항에 내리니, 공항 한가운데에 알렉산더 대왕의 기마상이 눈에 띄었다. 진취적인 정복자 알렉산더가 마케도니아의 왕자였다는 것을 비로소 알게 되었다. 공항에서부터 우리가 묵을 숙소까지 15분 정도 달리며 창 바깥 풍경을 바라보니, 마치 한국의 조용한 농촌을 지나는 듯한 느낌이 들었다.

아직 우리나라와 수교가 되지 않아서 스코페에 거주하는 한국 교민은 11명 정도밖에 되지 않는다고 한다.

스코페 시내 관광을 시작하며 먼저 키릴 & 메토디 국립대학을 들렀다. 입구에 키릴과 메토디 두 사람의 동상이 세워져 있는데 이들은 모라비안 선교사들로서 형제라고 하였다. 슬라브인들이 어려운 헬라어를 사용해야 하는 것을 안타깝게 여겨서 슬라브인들을 위한 고유 문자인 키릴 문자를 창제하였다고 한다. 함께 가이드의 안내를 듣던 분 중에 '우리나라 세종대왕 같은 분이시네.' 하는 말이 들렸다. 스코페 시내에 들어서니 곳곳에 대형 조각상이나 동상들이 눈에 띄었다. 그리스에서 많이 보던 동상들보다 예술적이지는 않지만, 훨씬 규모가 큰 동상들이 많았다. 마치 동상의 나라에 온 듯, 지나가는 거리나 광장에 동상들이 세워져 있었다.

두 번째 방문한 곳은 마더 테레사 기념관이었다. 가난하고 병든 자들의 어머니 테레사 수녀가 마케도니아 출신인 것을 까마득하게 모르고 있었다. 인도의 가난한 자들을 돌보았던 사랑의 수녀였다고 알고 있었는데 1910년 마케도니아 스코페에서 태어나 1997년 인도의 콜카타에서 돌아가셨다고 기념관 입구에 소개되어 있었다. 기념관 현관 마당에 두 손을 모으고 기도하는 모습의 테레사 수녀의 전신 동상은 들어오는 입장객들을 향하여 절하고 있는 듯 보였다. 기념관 안에는 테레사 수녀가 가난한 자들과 병든 자들을 돌보는 사진들, 1979년 노벨평화상을 받은 사진, 로마 바티칸 교황과 찍은 사진, 부모님 사진 등 테레사 수녀의 사역과 삶을 돌아볼 수 있는 사진들이 걸려 있었다.

계단을 한 층 더 올라가니, 테레사 수녀 옆얼굴을 찍은 대형사진이 걸려있는 제단 앞에 미사 드릴 수 있는 의자들이 놓여 있었다. 가톨릭 신자들이 방문할 경우, 그곳에서 직접 미사를 드리기도 한다고 하였다. 기념관 입구 벽에 붙여진 마더 테레사의 두 동판에 새겨진 글이 매우 인상적이었다.

"사랑은 집에서 시작됩니다. 당신과 가장 가까이 있는 사람들을 사랑하십시오. 당신이 어디를 가든지 사랑을 전파하십시오. 당신에게 왔던 이들이 이전보다 더 행복해져서 떠나도록 하십시오."

과연 사랑의 조용한 혁명을 이루신 분다운 감동적인 글이었다. 또 다른 동판에는 예수 그리스도에 대한 그녀의 신앙고백이 기록되어 있었다. "예수님은 저의 전부이십니다."

만 18살 때 인도의 콜카타에 있던 수녀회에 입회하였던 테레사 수녀는 1946년 피정을 떠나 인도의 다르질링으로 향하던 기차 안에서 부르심 중의 부르심을 받게 되는데 곧 수도회를 떠나 가난한 자들 가운데 살면서 그들을 섬기는 소명을 받았다. 처음에는 길거리에서 죽어가는 사람을 데려다 도와주는 임종의 집부터 시작한 그녀는 보육원, 빈민을 위한 학교, 진료소, 나환자 수용소 등 활동 영역을 넓혀갔다. 평생을 가난하고 병든 자들과 소외된 자들을 돌보고 섬긴 그녀의 헌신적인 사랑의 삶이 점점 알려지게 되어 1962년에는 인도 정부가 수여하는 막사이사이상을 받았으며 1979년에는 노벨평화상을 받았다. 그녀의 삶과 신앙의 깊은 체험 가운데 나온 여러 명언은 지금도 듣는 이들의 가슴을 감화시킨다.

누군가 마더 테레사에게 "하나님이 계시는데 왜 세상에는 가난하고 고통받는 자들이 있습니까?"라고 물었을 때, 그녀는 "우리가 나누지 않고 사랑을 실천하지 않기 때문입니다."라고 대답하였다고 한다. 그가 또 "그러면 어떻게 해야 가난을 해결하고 평화로운 세상을 만들 수 있습니까?" 하고 질문하였더니 그녀는 "당신을 포함해 우리 모두 서로 조금씩 나누면 됩니다."라고 말하였다고 한다. 거창한 구호나 프로젝트가 필요한 것이 아니라 나 자신부터 조금씩 나누는 삶, 사랑을 실천하는 삶을 살면 된다는 그녀의 말대로 그녀는 그러한 본을 보이는 삶을 앞장서서 살았다.

마더 테레사 기념관을 나와 조금 걸어가니 넓은 '마케도니아 광장'이 보였다. 광장 입구에 거대한 청동조형물로 세워진 알렉산더 대왕의 기마상이 천하를 호령하고 있는듯하였다. 앞 두 발을 높이 치켜든 채 앞으로 휭휭 달려가고 있는 듯한 말 위에 긴 칼을 높이 들고 앉아있는 알렉산더 대왕의 기마상은 마케도니아의 상징인 것처럼 보였다. 페르시아를 정복하고 인도와 이집트 등을 정복하며 세계대제국을 이루었던 알렉산더 대왕은 비록 33년이라는 짧은 생애를 살았지만, 그 진취적인 도전 정신과 정복 정신으로 오늘날까지 마케도니아인들의 마음과 역사 가운데 살아있음을 볼 수 있었다. 그가 정복한 민족들의 문화를 인정하고 수용하는 포용 정책을 펼쳤던 지혜롭고 명석하였던 알렉산더 대왕의 유언에 대한 이야기는 유명하다. 열병을 얻어 죽음을 앞둔 대왕에게 신하들이 무슨 유언을 남길 것인지 묻자, '내가 죽으면 내 손을 관 밖으로 내놓게 하여 천하를 쥐었던 나도 빈손으로 떠나야 함을 세상 사람들에게 알게 하라'는 유언을 남겼다고 한다. 죽음 앞에서는 아무리 많은 권력과 재력을 가졌던 자라도 그 손에 움켜쥐고 있었던 모든 것을 내려놓고 빈손으로 떠나야 하는 인생의 무상함, 그리고 권력과 부귀영화의 덧없음을 가르쳐주는 지혜로운 유언이다.

알렉산더 대왕의 기마상을 뒤로 하고 약 1500년 되었다는 돌다리를 건너니, 오른쪽 팔을 위로 번쩍 치켜든 알렉산더의 아버지 필립 2세의 거대한 전신 동상이 세워져 있다. 외아들 알렉산더의 교육을 중요시해서 아리스토텔레스를 아들의 스승으로 모셨다고 한다. 이곳을 지나 계속 걸어가니, 옛날 터키 목욕탕이라고 하는 둥근 사원 지붕같이 보이는 건물이 보이는데 지금은 미술관으로 사용되고 있다고 하였다. 그 일대가 동방 시장이라고 하였다. 여러 상점이 관광객들의 발길을 끌었다. 나도 한 가게에 들어가 알렉산더 대왕의 기마상 그림이 새겨진 접시 액자를 마케도니아 여행 기념으로 샀다.

마케도니아가 비록 인구 약 206만 명의 크지 않은 나라이지만, 알렉산더 대왕과 마더 테레사의 위대한 정신 유산을 이어받은 대단한 나라라는 인상을 받고 돌아왔다. 마더 테레사의 가르침대로 '내게 왔던 사람들이 이전보다 더 행복해지도록, 또 나와 가장 가까이 있는 이들에게 나의 사랑을 전하고 나누는 삶'을 살아보자. 알렉산더 대왕의 빈손이 가르쳐주듯이 모든 것은 사라져도 사랑만은 영원할 터이니….

(교포신문 2017년 1월)

지중해의 보석, 몰타 섬

독일 생활 30년을 기념하여 선·후배 일곱 명과 함께 몰타(Malta: 유럽에서는 말타)를 다녀왔다. 몰타는 7개의 섬으로 이루어진 나라인데 이중 Malta, Gozo, Comino 세 개의 섬에만 사람이 살고 있다. 인구는 약 42만 명으로 유럽에서 가장 작은 나라이다. 2004년에 EU에 가입하였고 2008년부터 유로화가 통용되고 있다. 150년 동안 영국의 지배를 받은 영향으로 영어와 몰타어를 동시에 사용하고 있어 한국을 비롯한 여러 나라에서 영어 어학연수차 오는 외국인들이 많다고 한다. 1964년에 이르러서야 독립하여 1974년에 몰타공화국으로 출발하였지만, 그들이 가진 유적과 문화유산은 수천 년 이상의 역사를 가지고 있다.

공항에 내려서 북쪽에 위치한 숙소로 50여 분 동안 달리는 관광버스 안에서 가이드는 몰타가 '태양과 바다와 돌이 많은 나라'라고 소개하였다. 2월 초순인데도 기온은 영상 10도에서 15도 정도로 따뜻한 햇볕이 섬 전체를 비추고, 푸릇푸릇 풀들이 생명의 찬가를 부르고 있는듯하였다. 독일에서 흔히 볼 수 있는 붉은 기와나 잿빛 기와의 집들이 아니라 상아색의 석회암으로 지어진 집들과 교회, 성당들이 푸르른 해안과 잘 어울려 인상적이었다.

몰타 섬은 지중해 시칠리아 남쪽에 위치한 섬으로 성경에 등장하는 섬이기도 하다. 사도 바울이 A.D 60년에 로마에 가려고 탄 배가 난파하여 석 달 동안 머물렀던 섬이다. 그로부터 천 년이 훨씬 지난 지금도 사도 바울이 이 섬에 도착한 날을 기념하여 매년 2월 10일에 대축제가 열린다.

수도인 발레타의 '성 바울 난파선 교회'(St. Paul Shipwrecked Church) 안에 있는 화려하게 장식된 성 바울의 동상을 몇 사람이 함께 어깨에 메고 교회 문을 나와 거리로 행진하기 시작하면, 축제에 참여하기 위해 모여든 시민들은 눈물을 흘리며 감격하고 열광한다고 한다. 그만큼 성 바울은 몰타인들에게 예수님이나 성모 마리아 다음으로 숭배 받는 인물임을 곳곳에 세워진 성 바울의 동상이나 그를 기념하여 세워진 교회를 통해서도 잘 알 수 있었다. 약 320km^{2}의 적은 면적을 가진 나라인데도 약 365개의 크고 작은 교회가 있고 인구의 98%가 로마 가톨릭 정교 신자라고 하니, 당시 사도 바울이 이곳에 복음을 전한 열매가 대단한 것을 알 수 있었다.

발레타를 향하여 관광버스를 타고 가는 길에 옛 수도였던 '디나'(Mdina)를 지나게 되었다. 가이드는 우리에게 멀리 높은 언덕 위로 보이는 성을 배경으로 잠시 사진을 찍을 수 있는 시간을 주었다. 바로크 양식과 중세 건축 양식으로 지어진 아름다운 성이었다. 발레타가 성곽으로 둘러싸인 요새 도시로서 새 수도가 되면서 디나는 이제 '조용한 도시'(silent city)가 되었다고 한다. 발레타는 마침 성 바울 축제를 마친 후라 그런지 많은 관광객으로 활기가 넘쳤다.

좁은 골목길에는 창틀이 빨강, 파랑, 초록, 연보라색으로 칠해진 아름답고 이색적인 발코니가 달린 집들이 정겨운 분위기를 연출하고 있었다. 텔레비전이나 다른 미디어 기기가 없던 시절에 몰타인들은 이 발코니에 나와서 거리의 풍경을 바라보기도 하고, 옆집 발코니에 나온 이웃 사람과 담소도 나누곤 하였다고 한다. 운치 있는 좁은 골목들은 직선이 아닌 구불구불한 곡선으로 만들어졌는데 이는 요새 도시였던 만큼 적으로부터 공격당할 때 활이나 총을 피하기 위해서라고 하였다.

16세기에 지어진 발레타는 중세 건축물들이 잘 보존된 도시로서 1980년에 도시 전체가 유네스코 문화유산으로 등재되었다. 또한, '2018년 유럽의 문화도시'로 선정되어 내년에 세계에서 몰려

올 관광객을 위한 행사가 일 년 내내 열릴 예정이라고 한다.

식물원처럼 잘 가꾸어진 어퍼 바라카 가든(upper barrakka garden)에 들어서니 '그랜드 하버'라고 불리는 항구의 푸르른 바다를 볼 수 있었고 맞은편에 갈고리처럼 세 갈래로 나누어져 이루어진 세 도시가 바라다보였다. 아래로 내려다보이는 마당에 여러 대의 대포가 놓여 있었는데 대형 유람선이 입항하면 환영 대포를 발사한다고 한다. 이후 발레타의 유명한 성 요한 성당(St. John's Co-Cathedral)을 방문하였다. 세례 요한을 기념하여 세워진 대표적인 바로크 양식의 건축물인데 성당에 들어서니 그 화려하고 장엄한 분위기에 압도당하는 듯하였다. 벽마다 금으로 세공된 조각들이 박혀있고 천장에는 세례 요한의 출생과 삶, 순교를 그린 그림이 그려져 있었다. 고급스러운 대리석 바닥은 큰 바둑판처럼 직사각형 바닥마다 각기 다른 문양이 새겨져 있는데 약 400명의 성 요한 기사단의 기사들과 장교들의 무덤이 있는 비석에 해당한다고 하였다. 요컨대 그들의 무덤 위에 세운 성당이다.

또한, 이 성당은 '세례 요한의 참수'(1608년) 그림을 소장한 성당으로 유명하다. 이탈리아의 화가 카라바조(Caravaggio 1571~1610)가 그린 그림인데 그는 혁명적인 화풍으로 바로크 시대를 열었던 유명한 천재 화가로 알려져 있다. 이 그림의 크기는 세로 361cm, 가로 520cm에 달한다. 헤롯의 명령으로 세례 요한이 참수당하는 극적인 장면을 묘사한 작품으로서 화가가 유일하게 서명한 그림이어서 더욱 유명해졌다.

이 성당은 1573년에 성 요한 기사단의 수장인 장 드라카시에르 기사단장이 짓도록 하였는데, 성 요한 구호 기사단은 본래 예루살렘에서 성지를 여행하는 순례자들을 보호하고 지키기 위해 11세기 후반에 십자군에 의해 설립된 종교 기사단이다. 1187년 예루살렘이 이슬람교도의 손에 들어가자 1310년에 그리스 로도스 섬에 독립 국가를 세우고 200여 년간 통치하였다. 오스만 제국의 점령으로 1530년에 몰타 섬으로 이주해온 성 요한 기사단은 1798년 나폴레옹이 이들의 영토를 몰수하기까지 약 270년간 몰타에서 활동하였다. 이들은 현재 로마에 본부를 두고 아직도 약 120개국에서 자선 활동을 하고 있는데 수백 년 동안 이어져 내려온 이들의 신앙과 박애 정신이 놀라웠다. 독일에서도 종종 급한 사이렌 경적을 울리며 응급환자를 구하러 달리는 'Malteser'가 몰타 섬에서 유래하였음을 이번 여행을 통하여서야 알게 되었다.

떠나기 전날에 들른 남동쪽 어촌인 Marsaxlokk에서 바라본 바다에는 한 폭의 그림처럼 크고 작은 많은 배가 평화롭게 떠 있었다. 'Luzzu'라고 불리는 배는 이탈리아의 곤돌라와 비슷한 몰타의 전통 어선인데 파란색, 주황색, 노란색 등 밝은 색상이 층층이 그려진 보트이다. 몰타 섬은 아름다운 해안과 중세의 건축물을 배경으로 〈트로이〉를 비롯한 여러 영화가 촬영된 곳이기도 하다. 그중 뽀빠이 영화를 찍은 뽀빠이 마을은 해안에 옹기종기 몰려있는 알록달록한 지붕 색을 가진 집들이 마치 동화 속의 마을처럼 동심을 불러일으켜 주었다. 몰타 섬의 여러 해안, 특히 몰타 해안 중 가장 아름답고 매력적인 곳이라는 푸르디푸른 'Blue Grotto' 해안의 바다는 내 가슴 해안에 물결치며 들어와 마음을 온통 푸른 물로 물들게 해주는 듯하였다. 몰타에서 가장 높은 절벽이라고 하는 'Dingli Cliff'에서 바라보는 바다는 북아프리카 해안까지 닿는데 튀니지까지는 300km, 리비아는 350km 거리라고 한다.

지중해의 따뜻한 햇볕과 푸른 바다에 둘러싸여 수천 년에 걸친 신앙과 역사의 보물의 빛을 뿜고 있는 몰타 섬은 앞으로 내 앞에 놓인 삶도 그같이 따뜻하고 푸르며, 세월이 흘러도 빛을 뿜는 삶을 살라고 가르침을 주는듯하였다.

(교포신문 2017년 3월)

뉴욕 브로드웨이에서 만난 〈Cats〉

늙고 지친 모습, 절뚝거리며 힘겨운 걸음걸이로 무대에 걸어 나와 처절하고 애절한 목소리로 부르는 '그리자벨라'의 노래 〈메모리〉(Memory)로 유명한 뮤지컬 〈Cats〉를 관람하였다. 지난 5월 말, 미국에 사는 친구 첫아들 결혼식 초청을 받았다. 결혼식이 끝난 후, 친구는 독일에서 미국까지 온 우리에게 주는 깜짝 선물로 뉴욕 브로드웨이 뮤지컬 공연을 선사하였다.

〈Cats〉에 대해 사전 지식이 없었던 나는 〈메모리〉 노래가 나오는 뮤지컬이라는 남편의 말에 지난날의 애절한 추억을 연상시키는 트럼펫 연주곡으로 들었던 곡을 떠올리며 극장 안에 들어섰다. 극장은 빈자리가 보이지 않을 정도로 관객들로 꽉 차 있는데 무대 양옆으로 쓰레기장을 연출한 무대장치가 인상적이었다. 마치 우리가 거대한 쓰레기장에 들어온 느낌이었다. '뉴욕에서는 쓰레기도 이렇게 예술이 되는구나!' 하며 무대 장치를 살펴보니 고장 난 타자기, 타이어, 망가진 의자, 버려진 스타킹, 걸레 등이 본래 크기보다 큰 모습으로 무대 측면에 다닥다닥 붙어 있었다. 나중에 알고 보니 고양이의 눈으로 본 세계를 그리느라 본래 크기보다 세 배에서 열 배 정도 훨씬 크게 연출한 것이라고 하였다.

무대 정면에는 어두운 밤하늘에 몇 가닥 구름에 가려져 처연하게 보이는 보름달이 떠 있었다. 무대의 막이 오르면서 캄캄한 무대 전면에 여기저기에서 고양이들의 반짝이는 두 눈이 사방에서 빛을 발하였다. 뉴욕의 한 쓰레기장을 배경으로 밤에 고양이들이 모여들기 시작하였다.

매년 가장 나이 많은 선지자 고양이가 한 고양이를 선택하여 환생하도록 새로운 세상으로 보내준다는 젤리클 고양이 무도회가 열렸다. 반항아 고양이, 부자 고양이, 마법사 고양이 등 다양한 배경과 성격을 가진 고양이들의 화려한 춤과 노래가 관객을 판타지 세계로 이끌었다. 젊은 날에 매혹적이고 아름다웠던 그리자벨라가 더 넓은 세상을 체험하려고 젤리클 사회를 떠났다가 늙고 힘없는 모습으로 돌아오자 다른 고양이들은 그녀를 멀리한다. 이러한 가운데 선지자 고양이가 악당 고양이에게 납치당하였다가 마술사 고양이가 마법으로 그를 다시 구해오자 무도회는 다시 노래와 춤으로 분위기가 고조된다.

온몸에 털 달리고 꼬리 달린 고양이 의상을 입고 얼굴도 고양이 수염을 그려 진하게 분장을 한 배우들의 손동작과 발동작은 고양이의 그것을 연상시키는 듯 날렵하고 섬세하였다. 발랄한 재즈와 우아한 발레 동작이 잘 섞인 고양이들의 군무는 예술성이 풍부하였고 경쾌하였다.

선지자 고양이가 올해의 젤리클 고양이를 지목하려는 순간, 그리자벨라가 다시 나타나 새로운 꿈과 희망을 노래하는 〈메모리〉를 호소력 넘치는 목소리로 부르자 다른 고양이들도 그녀를 받아들인다. 이에 선지자 고양이는 그리자벨라를 새 삶을 얻을 고양이로 지목하고 그녀를 새 세상으로 보내준다. '젤리클 캣츠'란 역경에 굴하지 않고 강인한 행동력을 가진 고양이를 뜻한다.

이 뮤지컬은 T.S 엘리엇(1888~1965)이 1939년에 발간한 〈지혜로운 고양이가 되기 위한 지침서〉라는 우화 시집에서 내용을 따왔는데 본래 시인의 시에는 다양한 고양이들의 삶만이 그려져 있지만, 뮤지컬로 만들기 위해 영국인 연출가 트래버 넌(Travor Nunn)이 '고양이는 아홉 번 새 삶을 얻는다'는 서양의 전설에 착안하여 스토리를 새롭게 구성하였다. 그리고 〈지저스 크라이스트 슈퍼스타〉, 〈오페라의 유령〉 뮤지컬 곡들을 작곡하여 세계적으로 흥행시킨 '뮤지컬의 황제'라고 불리는 영국의 작곡가 앤드류 로이드(Andrew Lloyd Webber 1948~)가 14편의 시를 작곡하였다. 클라이맥스가 되는 곡인 〈메모리〉도 T.S 엘리엇의 시 〈바람 부는 날의 랩소디〉를 토대로 가사와 곡을 새로 만들었다.

1981년에 영국 런던에서 초연되었고 뉴욕 브로드웨이에서는 1982년에 초연된 이후 20년 이상 최장기 공연을 기록한 이 뮤지컬은 1982년 그래미상 최우수 은반상을 비롯하여 1983년에는 토니상의 작품상, 연출상, 각본상, 작곡 작사상, 조명상, 의상상, 여우조연상 등 7개 부문 상을 휩쓸었고, 그동안 약 30개국 300개 이상 도시에서 공연되면서 〈레 미제라블〉 〈오페라의 유령〉 〈미스 사이공〉과 함께 세계 4대 뮤지컬에 손꼽는다고 한다.

뉴욕에서 돌아온 후에도 며칠 동안 내 귀에는 은은하고 절절한 그리자벨라의 〈메모리〉 곡조가 울려 퍼져서 아직도 내가 공연장에 앉아있는 듯한 감동을 안겨주었다. 비록 아름답고 행복했던 과거는 지나고, 늙고 외로워도 새날에 대한 꿈과 희망을 잃지 않는 자에게 새 삶이 주어진다는 희망의 메시지를 전하고 그리자벨라는 새 세상으로 날아갔다.

그녀의 노래에 나오는 대로 오늘 밤은 언젠가 추억이 될 것이고 새날은 시작될 것이므로 오늘이 슬프고 힘들다 하여 꿈을 포기할 수는 없다. 오늘도 언젠가는 아름다운 추억의 날이 될 것이므로 힘겨운 오늘도 새날을 꿈꾸며 이겨나가라는 격려의 노래가 아름다운 선율과 함께 관객들의 가슴을 감동하게 했으리라. 이 뮤지컬의 원작자인 시인은 추억의 사람이 되었지만, 그의 작품은 새롭게 뮤지컬로 살아서 시인을 새 세상에 살게 하고 있지 않은가!

오늘도 세계의 관객이 몰려드는 뉴욕 뮤지컬 극장 〈Cats〉포스터 제목 아래에 "음악: 앤드류 로이드 웨버/ 원작: T.S 엘리엇의 시 〈지혜로운 고양이가 되기 위한 지침〉"이라고 쓰여 있다. 어려운 현실 앞에 새 삶과 새날에 대한 꿈을 쉽게 포기하는 사람들이 많아진다는 소식을 들을 때마다 밤하늘을 향해 그리자벨라가 애절하게 부르는 〈메모리〉 노래가 우리의 어두운 마음 하늘에 울려 퍼지기를 바라는 마음이다.

새날이 올 것이라는 기대와 환상을 가지고 사는 삶은 자신의 늙고 힘없는 처지만 바라보고 삶에 대한 감격과 감사가 없이 사는 것과는 확연히 구분되는 삶이리라. 앞으로 다가올 기대 이상의 멋진 새날과 새 삶을 꿈꾸며 나도 오늘 밤 꿈에서 '젤리클 캣츠'가 되어 〈메모리〉 노래를 목청껏 불러보고 싶다.

… Daylight
I must wait for the sunrise
I must think of a new life
And I musn't give in
When the dawn comes

Tonight will be a memory too
And a new day will begin …

아침이 오면
다시 떠오르는 태양과 같이
나의 새로운 삶이 시작되는 거야
난 포기할 수 없어
이 밤이 지나고 새벽이 오면
지나간 밤은 추억으로 남겨지고
새로운 날이 시작될 거야

(교포신문 2017년 6월)

3부

책에서 읽는 역사와 현재, 그리고 미래

첫아들 가족과 함께

≪연암에게 글쓰기를 배우다≫

– 조선 최고의 문장가 연암의 글쓰기 비밀

"연암 박지원은 탁월한 글쓰기 이론가다. 동시에 자신의 이론을 직접 글쓰기에 실천한 최고의 문장가다."

이 글은 ≪연암에게 글쓰기를 배우다≫ 책 뒤표지 상단에 실린 문장이다.

연암 박지원 (1737~1805)은 조선 영, 정조 시대 실학자 중의 한 사람으로서 그가 쓴 소설은 〈양반전〉 등 열 편 정도 남아 있다. 그가 정조 4년인 1780년, 중국 청나라 건륭제 70세 축하 사절 중의 한 사람으로 중국 북경과 지금의 청도인 열하를 여행하고 나서 기록한 〈열하일기〉는 최고의 북경 견문록으로 꼽히고 있다. 건조하고 지루한 여행 기록을 쓴 것이 아니라 그가 여행 중에 만난 인물들에 대한 생생한 묘사, 대화체로 소설보다 더 소설적인 재미와 감동을 주는 글을 썼고 이 열하일기 중에 〈호질〉, 〈허생전〉

소설이 실려 있다.

연암 박지원은 당시 노론 벽파로서 생활의 궁핍과 생명의 위협까지 받고 있어 황해도 금천 연암협으로 은거한다. 그의 '연암'이라는 호는 이곳에서 유래하였다. 저녁 늦게 이 책을 손에 들기 시작하여 잠들 때까지 주인공들의 무대인 연암협에서 일어나는 연암과 그 아들 종채, 그리고 제자 지문을 중심으로 한, 그들의 글쓰기에 대한 질문과 대화 속으로 빨려 들어갔다. 그리고 다음날, 293쪽에 달하는 책을 끝까지 읽었다. 중간에 손을 뗄 수 없을 만큼 재미와 유익, 감동을 한꺼번에 얻을 수 있는 책이었다.

이 책은 연암의 글쓰기에 대한 가르침을 '지문'이라는 가상 인물을 그의 제자로 설정하여 소설화하여 쓴 책이다. 조선 후기 선인들의 삶과 사상에 깊은 관심을 가지고 그들이 생각하고 열망했던 것을 이 시대에 소통되는 언어로 재현하는 것이 꿈인 설흔 작가와 스토리텔링에 뛰어난 박현찬 작가의 공저이다. 딱딱한 글쓰기 입문서가 아닌, 재미와 추리소설 요소도 섞어 글쓰기에 대한 질문을 던지고 독자 자신도 해답을 같이 찾도록 긴장감을 주며 독자를 이끌어간다. 책 내용은 아버지 박지원의 사후, 아들 종채가 제자 지문이 써서 그에게 건네준 소설을 읽으면서 아버지 박지원의 글쓰기와 삶에 대해 알아가며 아버지에 대한 행적을 책으로 써서 남긴다는 줄거리이다. 실제적인 사건에 문학적인 허구성을 가미한 '팩션'(faction)이다.

지문의 아버지는 박지원을 찾아 연암협까지 와서 아들에게 글쓰기를 가르쳐주도록 청한다. 연암의 글쓰기의 첫 가르침은 '정밀하게 독서하라'는 것이었다. "우선 ≪논어≫를 천천히 읽게. 할 수 있는 한 천천히 읽어야 하네. 그저 읽고 외우려 들지 말고 음미하고 생각하면서 읽게. 잘 아는 글자라고 해서 소홀히 하지 말아야 하네. 반드시 한 음 한 음을 바르게 읽게."라고 가르친다. 경전을 읽으라는 것은 겉으로 단순히 글자를 소리 내어 읽으라는 말이 아니라 그 글자의 숨은 뜻을 알 때까지 꼼꼼하게 읽으라는 뜻이었다. 그는 문장이 출중하였던 조선 후기 문신이었던 이덕수 선생의 '독서는 푹 젖는 것을 귀하게 여긴다. 푹 젖어야 책과 내가 서로 어울려 하나가 된다.'라는 말을 인용하며 "이것이 내가 너에게 주는 첫 번째 가르침이다."라고 말한다.

한 달 동안 ≪논어≫를 꼼꼼히 읽기를 마치자 연암은 지문에게 '붉은 까마귀'라는 제목을 주고 글을 써오도록 과제를 준다. 검은 까마귀에 대해서는 글을 쓸 수 있지만, 세상천지에 붉은 까마귀는 없는데 어떤 글을 쓸 것인가? 고민하던 지문은 마침내 여러 날 동안 이런저런 까마귀를 관찰하던 중, 어느 순간에 햇빛에 비쳐 붉게 빛나는 까마귀를 보고 깨달은 바를 글을 써서 스승에게 보인다. "왜 하필 까마귀를 관찰하게 하셨습니까?"라고 묻는 지문에게 연암은 “요약하고 깨달아야 하는 대상은 문자로 된 책뿐만 아니라 천지 만물에 흩어져 있다는 뜻이다. 그런 눈으로 보면 세상이 하나의 커다란 책이고, 그때 비로소 천지 만물은 제 안의 것을 보여주느니라.”라고 가르친다.

연암은 글쓰기에 대한 글을 전쟁의 병법에 비유하여 쓴 지문에게 “‘네 글은 기술적으로 완벽하지만 내가 보기에는 아직 멀었느니라.’라고 평하며 사마천이 〈사기〉를 쓸 때 그 심정이 어떠했을지 한번 생각해 보거라.”라고 마지막 과제를 던진다. 지문은 이 어려운 문제에 대한 답을 찾지 못하고 연암을 떠났다가 마침내 스승이 이 마지막 문제를 통해 가르치려고 한 바가 무엇이었는지 깨닫게 된다. “사마천은 오랜 세월 동안 참고 견뎠던 슬픔과 분노, 수치심, 아쉬움 등을 온전히 글에 녹여냈다. 한 번 뱉으면 사라지고 마는 글이 아니라, 지극한 진심으로 한 자 한 자 새긴 글로써 세상에 자신의 뜻을 증명했다. … 연암은 글 쓰는 사람의 자세를 알려주려 했다. 세속의 명예나 이익이 아닌 순정한 마음으로 쓰는 글, 거짓된 소리가 아닌 진심으로 쓰는 글만이 세상과 맞설 수 있는 힘을 지니고 있음을 가르쳐주려 했던 것이다.”

종채는 지문이 쓴 아버지의 글쓰기와 삶에 대한 소설을 읽으면서 아버지가 가르친 글쓰기 법칙을 정리하여 적어본다.

1) 정밀하게 독서하라.

2) 관찰하고 통찰하라. 통찰은 결코 저절로 오지 않는다. 반드시 넓게 보고 깊게 파헤치는 절차탁마의 과정이 필요하다.

3) 원칙을 따르되 적절하게 변동하여 뜻을 전달하라. 옛것을 모범으로 삼고 변통할 줄 알아야 한다.

4) '사이'의 통합적 관점을 만들라. 대립되는 관점을 아우르면서도 둘 사이를 꿰뚫는 새로 제3의 시각을 제시해야 한다.

5) 11가지 실천수칙을 실천하라– 명확한 주제의식을 가지고, 제목의 의도를 파악해서 글을 쓰며, 사례를 적절히 인용하고, 일관된 논리를 유지하며, 운율과 표현으로 흥미를 배가하라. 인과관계에 유의하고, 참신한 비유를 사용하며, 반전의 묘미를 살리고, 시작과 마무리를 잘하라. 또한, 함축의 묘미를 살리고 여운을 남겨라.

6) (사마천과 같은) 분발심을 잊지 마라.

이 책을 덮고 나니 '붓끝을 도끼 삼아 거짓된 것들을 찍어버릴 각오로 글을 쓰라'는 연암의 친구 박제가의 말도 큰 울림으로 다가왔다. 글은 진실해야 한다. 거짓을 찍어버릴 글을 쓰기 위해서는 진실한 마음과 생각을 가져야 한다. 글을 쓰는 마음가짐과 참다운 자세에 대한 연암의 가르침은 시대를 뛰어넘어 200년이 넘은 오늘날까지 글을 배우고 쓰려는 자들에게 겸손히 옷깃을 여미게 한다.

한 해를 마감하는 계절이다. 엄숙하고 진지한 마음으로 올 한 해 자신과 이웃을 돌아보는 글을 써보면 어떨까? 한 해 동안 어떠한 책을 꼼꼼히 읽었는지, 어떤 글을 썼는지도 점검해 볼 일이다. 시대를 이끄는 리더(leader)가 되려면 종이로 묶인 책과 천지 만물이라는 책을 읽고 관찰하며 통찰할 수 있는 리더(reader)가 되어야 한다. 그리고 그 통찰한 것을 글로 남겨서 다른 이들과 소통하며 나누어야 한다. 연암이 그리하였던 것처럼….

(교포신문 2016년 11월)

최인호 작가와 ≪소설 공자≫

지난 50여 년에 이르는 동안 최인호 작가만큼 작품성과 대중성을 동시에 지니면서 영향력을 크게 끼쳤던 작가는 그리 많지 않으리라고 여겨진다. 만 18세인 고등학교 2학년 때 한국일보 신춘문예에 입선하여 문단에 등단, 주위를 놀라게 하였던 그는 1967년 조선일보 신춘문예에 당선하면서 작품 활동을 본격적으로 시작하였다. 1970년대와 80년대 한국의 청년문화를 대표하는 작가로 꼽히는 그의 작품 중 ≪별들의 고향≫ ≪고래사냥≫ 등 30여 편이 영화로 만들어졌다. 1990년대에는 한민족의 원대한 이상에 접목된 무게 있는 작품들로 더욱 독자층을 넓혔다. 대표적인 작품으로 신라 시대 해상왕이며 우리나라의 독보적인 세계인이었던 '장보고'의 일대기를 그린 ≪해신≫ (2002년)과, 조선 시대 최고의 무역상이었던 '임상옥'이라는 거상을 통하여 바른 상업의 길을 가르쳐

준 ≪상도≫(2003년)를 들 수 있다. 이 작품들은 드라마로도 만들어져 당시 많은 시청자의 마음을 사로잡았다.

2007년, 동양의 정신문화를 이끌어 온 유교의 숲을 파헤친 장장 여섯 권에 이르는 그의 최장 소설 ≪유림≫(儒林)을 발표하고 나서 그는 ≪유림≫에 나오는 각 인물에 대하여 각각 따로 소설로 쓰려고 계획하였다. 그러나 2008년, 침샘암 판정을 받고 암 투병 생활에 들어간 그는 마지막 사력을 다하여 ≪소설 공자≫ ≪소설 맹자≫를 출간하였다. 그리고 이듬해, 등단 50주년이 되던 2013년 9월 25일에 그동안 날카로운 역사의식과 뛰어난 상상력, 집요한 탐구 정신의 결정체를 원고지에 쉴 새 없이 쏟아냈던 그의 펜을 내려놓고 영원한 안식에 들어갔다.

≪소설 공자≫는 인류의 스승으로 알려진 공자의 생애를 소설화하여 대중에게 가까운 인물로 그렸기 때문이기도 하지만, 그의 작가로서의 마지막 온 힘을 다한 작품이기에 더욱 소중한 책으로 느껴진다. 작가는 이 책을 통해 독자들에게 무슨 메시지를 던져주고 싶어 생사를 넘나드는 5년간의 암 투병의 고통 중에도 펜을 놓지 않았던 것일까?

이 책은 공자가 노나라에서 제나라를 향하여 떠나는 첫 번째 출국에서부터 네 번째 출국에 걸친 13년간의 공자의 주유천하의 여정을 따라가며 '사람에 이르는 길'을 보여주고 있다. 그리고 그가 체험한 제나라, 송나라, 위나라, 진나라, 채나라 등 당시의 임금, 신하, 공자 제자들의 인물됨을 현재 살아있는 인물을 대하듯 생생하게 묘사하였고, 사마천이 ≪사기≫에서 그들에 대하여 남긴 기록을 인용하여 더욱 생동감 있는 현장감과 사실성을 부각했다. 그리고 책 곳곳에서 예수와 석가의 인격과 가르침과 비교하면서 공자는 종교의 교주나 신이 아니라 철저한 한 인간으로서 군자(君子)였으며 철인(哲人)이었음을 말하고 있다. '군자'에 대해 이 책에서는 '군자는 멀리서 보면 엄숙하고 가까이서 보면 온화하며 말을 하면 바르게 한다'라고 기록하고 있다.

책의 첫 장면은 공자가 35세에 제자들과 함께 내란이 일어난 노나라를 떠나 제나라로 가는 여정을 그리고 있다. 제1장 〈첫 번째 출국〉에서는 제나라의 재상 안자와의 만남, 제2장 〈두 번째 출국〉에서는 그가 존경하였던 인물 중의 한 사람이었던 노자와의 만남, 제3장 〈황금시대〉에서는 공자가 제나라에서 지금의 법무부 장관에 해당하는 '대사구'라는 벼슬에 올라 바른 정치를 펼쳤던 그의 황금시대, 제4장 〈세 번째 출국- 상가지구〉에서는 그가 상갓집 개와 같이 멸시 천대를 받던 시기를 보여주고 있다. 제5장 〈네 번째 출국 - 양금택목〉 에서는 그가 노나라의 정왕이 제나라에서 보내온 미인 80명과 말 120마리에 마음을 잃고 사흘 동안 정사를 돌보지 않는 것을 보고 '좋은 새는 나무를 가려서 둥지를 튼다'는 '양금택목'이라는 말을 남기고 벼슬을 내려놓고 노나라를 떠나는 이야기를 담고 있다. 그가 이렇게 여러 나라를 다니며 바른 정치로 어지러운 나라를 바로 잡아보고자 하였으나, 그를 경계 또는 시기 모함하는 신하들로 인해 결국 정치로써 바른 나라를 세워보려고 했던 이상을 내려놓게 된다.

마지막 제6장 〈공자 천주〉에서 공자가 아홉 개의 경전을 남김으로써 학문의 구슬을 꿰었다는 내용을 담고 있는데 '공자 천주'란 '공자가 구슬을 꿰다'는 뜻이다. 기원전 484년, 공자가 68세에 고향 노나라로 돌아올 때 구슬 하나를 가지고 왔는데 그가 줄곧 품속에 지니고 다녔던, 아홉 구비나 구부러진 구멍이 있는 진기한 물건이었다. 공자는 이 아홉 개의 구멍에 실을 꿰려 한다고 제자에게 말하였다. 그리고 세상을 떠나기까지 6년 동안 〈시경〉, 〈서경〉, 〈예기〉, 〈악기〉, 〈역경〉, 〈춘추〉의 6경에 〈논어〉와 〈효경〉 등을 펴내는 일에 전념하였다. 이 경전은 공자를 '인류의 스승'이라고 일컬음 받게 한 인류의 교과서가 되었다.

공자는 그의 평생에 겸손한 마음으로 배우고 배우며 또 배웠다. 그가 스스로 배움에 힘썼기에 다른 사람들을 가르칠 수 있었으며, 당시 공자에게 한 번이라도 가르침을 받았던 사람들은 3천여 명에 이르렀고 그의 가르침을 따랐던 70여 명의 제자가 있었다고 한다. 그는 그 제자 중에서 열 명의 제자를 거론하며 "덕행에는 안연, 민자건, 염백우, 중궁이 있고, 언어에는 재아와 자공이 있고, 정사에는 염유와 계로가 있고, 문학에는 자유와 자하가 있다."라고 했다. 공자의 가르침은 〈논어〉를 비롯한 그와 제자들이 남긴 경전을 통해 2천5백 년이 지난 오늘날까지 전해지고 있으며 최근에 출간된 ≪공자, 잠든 유럽을 깨우다≫(황태연, 김종록 저)라는 책은 공자와 동아시아 사상이 유럽 근대의 뿌리가 되었던 사실을 밝히고 있다.

최인호 작가는 책 후기에서 그가 공자에 심취하여 이 책을 쓰게 된 이유를 다음과 같이 밝히고 있다.

"… 공자와 맹자를 다시 읽다가 갑자기 가슴에 열정이 타오르는 것을 느꼈다. 그 열정은 이런 것이었다. 2천5백 년 전 공자가 살던 춘추시대와 그로부터 백 년 후 맹자가 살던 전국시대가 오늘과 전혀 다르지 않다는 느낌을 받았던 것이다. 물론 성경을 읽을 때도 예수가 살던 그 당시와 지금은 동시대라는 강렬한 인상을 느낀다.

무자비한 권력자, 거짓논리의 율법학자, 성전을 더럽히는 배금사상, 간음 현장, 진리를 못 박는 십자가 등 역설적으로 말하면 오늘날의 타락이 어제의 그 시절의 광기와 다르지 않음으로서 진리의 불변을 느낄 수밖에 없지만 공자와 맹자가 살던 춘추전국시대는 같은 동양권이어서일지는 몰라도 예수가 살던 로마시대보다 오히려 더욱 오늘날의 현실과 닮아 있음을 절실하게 느낄 수 있었던 것이다. …. 아아, 이 신춘추전국의 어지러운 난세에 이 책이 조금이라도 보탬이 됐으면 좋으련만. …”

공자의 삶과 가르침을 통해 군자의 ‘인’의 인품을 배우고 우리의 삶 속에 ‘예’와 ‘의’를 이루어 바른 시대가 오기를 바라는 절실한 마음으로 작가가 병상에서도 사력을 다하여 이 책을 쓴 것이 아닐까?

(교포신문 2016년 12월)

인생은 작은 인연들로 아름답다

– 금아 피천득 수필가의 〈인연〉

'수필'이라는 말의 어원은 중국 남송 시대 재상인 홍매(1123~1202)가 쓴 〈용재수필〉 서문에서 찾을 수 있다. "나는… 그때그때 뜻한 바 있으면 앞뒤의 차례를 가려 챙길 것도 없이 바로바로 메모하여 놓은 것이기 때문에 수필이라고 일컫게 되었다." 붓 가는 대로 썼다고 하여 수필(隨筆)이라고 불리었는데 여기에서 수필이 무형식의 문학, 개성의 문학, 고백 문학이라고 알려지게 된다. 우리나라에서는 연암 박지원(1737~1805)의 ≪열하일기≫ 중 〈일산수필〉에서 처음으로 '수필'이라는 말이 쓰였다. 시는 상징과 비유, 소설은 허구로서 표현되지만, 수필은 작가의 육성을 가장 선명하게 들을 수 있고 그의 인품을 읽을 수 있는 문학 장르이다. 그만큼 글이 바로 그 사람이 되는 투명한 성격의 문학이다.

한국 현대 수필문학계에서 거봉으로 꼽히는 분은 금아 피천득

(1910~2007) 선생이다. 그의 호인 '금아'(琴兒)는 '거문고를 타고 노는 때 묻지 않은 아이'라는 뜻으로 서화(書畵)와 거문고에 능했던 그의 어머니에 대한 이야기를 듣고 춘원 이광수가 붙여준 호이다. 춘원이 그의 재능을 발견하고 중국 유학을 권유하여 그는 17살에 중국 상하이로 유학을 가서 공부하였고, 1946년에 귀국하여 30여 년간 대학교수로 활동하였다. 금아 선생은 수필을 '인생의 향취와 여운이 숨어있고' '찬란하지 않고 우아하며 날카롭지 않으나 산뜻한 문학'으로 만드는 데 큰 역할을 하신 분이다.

그의 수필은 '간결한 문체로 명징한 사색을 펼쳐 놓음으로써 한 경지를 이루고 있으며, 순수하고 고결한 정신세계를 영롱한 언어로 표현'하여 한국 현대수필의 기초를 세운 선구자로 평가된다. 수필집 ≪인연≫에는 중고등학교 교과서에 실린 작품 〈수필〉을 포함한 80여 편의 작품이 향기를 머금고 피어있다. 그의 작품 〈수필〉은 수필의 본질과 특질을 은유법으로 잘 묘사한 그의 대표작으로 꼽힌다. 그는 마음의 여유가 있어야 수필을 쓸 수 있다고 말한다. "내가 본 그 연적은 연꽃 모양을 한 것으로, 똑같이 생긴 꽃잎들이 정연히 달려 있었는데, 다만 그중에 꽃잎 하나만이 약간 옆으로 꼬부라져 있다. 이 균형 속에 있는 눈이 거슬리지 않은 파격이 수필인가 한다. 한 조각 연꽃잎을 꼬부라지게 하기에는 마음의 여유를 필요로 한다."

마음의 여유를 갖는다는 것은 꼭 한가한 시간이 있어야 한다는 뜻은 아니다. 금아 선생은 시인이며 수필가이자 영문학자이며 번역문학가였다. 그의 첫 시집 ≪서정시집≫(1947)에 이어 ≪금아시문선≫(1959)을 간행하는 한편, 문집으로 ≪산호와 진주≫(1969)를 간행하였다. 그리고 1976년에 번역시집 ≪내가 사랑하는, 셰익스피어 소네트 시집≫, 우리에게 잘 알려진 로버트 프로스트(Robert Frost)의 〈가지 않은 길〉과 나다나엘 호손(Nathaniel Hawthorne)의 〈큰 바위 얼굴〉 등을 번역하였다. 1980년에 ≪금아문선(琴兒文)≫과 ≪금아시선(琴兒詩選)≫을 각각 출판하였으며, 1993년에는 시집 ≪생명≫ ≪삶의 노래≫, 1996년에 수필집 ≪인연≫을 발간하였다. 시간의 여유가 마음의 여유와 일치하는 것만은 아닌 것으로 보인다. 인생을 관조할 수 있는 마음의 여유일 것이다.

그의 수필은 작품 한 편 길이가 아담한 크기의 책 한두 쪽에 걸쳐있는 짧은 글이다. 그 짧고 간결한 글 속에 난과 같은 향기가 스며있다. 그리고 학과 같은 고결함을 느끼게 한다. 수필은 '청춘의 글이 아니라 중년 고개를 넘어선 사람의 글'이라고 그가 말한 것은 인생의 다양한 체험을 겪고 나서 인생을 관조할 수 있는 여유와 인격을 어느 정도 갖춘 자들이 쓸 수 있다는 말로 이해된다.

≪인연≫에 실린 수필 작품 한 편, 한 편을 읽다 보면 마치 난이

피어 있는 화단에서 이 꽃 저 꽃 사이를 거닐며 꽃송이를 천천히 감상하고 그윽한 향기를 맡는 듯한 느낌을 받는다. 작가가 사십 대, 오십 대에 쓴 글일 텐데 아직도 순수한 소년 같은 감성이 풍기는 한 편 두 편의 수필을 읽어 나가다 보면, 어느새 입가에 미소가 떠오르며 동심에 물드는 자신을 발견한다.

미국 하버드 대학에서 연구하던 시절, 한 미국인 교수의 초대로 미국 현대 최대의 시인으로 꼽히는 로버트 프로스트(1874~1963)와 만나 밤늦도록 문학 이야기를 나눈 일, 영국의 수필가로서 〈엘리아의 수필〉을 쓴 찰스 램(1775~1834)과 같은 문학가를 소개한 이야기도 영문학자 금아 선생의 글에서 읽을 수 있는 보너스로 여겨진다. 그리고 소설 〈사랑방 손님과 어머니〉의 어느 부분은 주요섭 소설가가 당시 그와 친하게 지내던 금아 선생에게서 들었던 그와 그의 어머니에 대한 에피소드이며, 춘원이 그의 소설 ≪흙≫에 나오는 여주인공의 이름을 얼른 정하지 못하는 것을 보고 그가 상하이 요양원에서 만났던 책임감 있고 친절하였던 한국인 간호사 '유순'이라고 지어드린 일 등 문학 작품 뒤에 숨은 비밀도 읽을 수 있다.

그는 수필 〈신춘〉에서 '인생은 작은 인연들로 아름답다'고 고백하였다. 그의 나이 일곱 살 때 아버지를 여의고, 열 살 때 몹시 사랑하던 어머니가 돌아가셔서 그런지 그는 작은 인연들을 사랑하였다. 금아 선생처럼 우리도 이제까지 가까이 맺어왔던 인연, 또 새해 새롭게 맺게 되는 작은 인연 한 가닥, 두 가닥을 소중히 여기며 우리 앞에 놓인 새해를 아름답게 엮어가길 소원한다. “예전을 추억하지 못하는 사람은 그의 생애가 찬란하였다 하더라도 감추어 둔 보물의 세목과 장소를 잊어버린 사람과 같다. 그리고 기계와 같이 하루하루를 살아온 사람은 그가 팔순을 살았다 하더라도 단명한 사람이다. 우리가 제한된 생리적 수명을 가지고 오래 살고 부유하게 사는 방법은 아름다운 인연을 많이 맺으며 나날이 적고 착한 일을 하고…”라고 그는 수필 〈장수〉에서 말하고 있다.

금아 선생의 수필은 오늘 다시 꺼내 읽어도 산뜻한 향기를 뿜으며 새롭게 다가온다. “어리석은 사람은 인연을 만나도 몰라보고, 보통 사람은 인연인 줄 알면서도 놓치고, 현명한 사람은 옷깃만 스쳐도 인연을 살려낸다”며 작은 인연이라도 소중히 여기는 마음으로 ‘아름다움에서 오는 기쁨을 위하여 글을 써왔고, 그 기쁨을 나누는 복이 계속되고 있음에 감사하다’는 작가의 서문에 나오는 글대로, 그는 지금도 그의 작품을 읽는 이들에게 아름다움에서 오는 기쁨을 나누어주고 있다.

마침 7년 전쯤 처음 만나 대학교수이면서 창작에 몰두해야 하는 그분의 바쁜 시간으로 인해 이메일과 우편으로 인연을 이어오던 여류 작가로부터 전화를 받았다. 모처럼 겨울방학을 이용하여

1월이나 2월에 한 번 만나 이야기를 나누자는 내용이었다. 먼 기차여행을 준비해야 하는데 기차 안에서 읽을 책을 지금부터 골라야겠다. 작은 인연들로 인해 뭔가 아름답고 기쁜 일들이 일어날 것 같은 새해이다.

(교포신문 2016년 1월)

이문열 장편소설 ≪시인≫

소설가가 한 '시인'의 생애를 그려낸 장편소설을 읽었다. 그것도 역사 속에 뚜렷한 기록과 발자취를 남기고 간 시인에 대한 소설이 아니라, 구름에 달 가듯 나그네로 수십 년을 방랑하며 살았던 한 시인의 발걸음을 추적하여 소설화하여 세상에 알렸다. 본명보다 '김삿갓'으로 더 알려진 시인에 대한 이야기이다. 어릴 적, 그에 대해 '죽창에 삿갓 쓰고…'란 구절을 들으면서 왜 그는 삿갓을 쓰고 이곳저곳을 떠돌며 다녔을까? 하는 의문은 들었으나 그에 대한 관심을 갖기에 내 나이는 너무 어렸다.

작가는 이 책에서 시인을 '일탈자'라고 보면서 김삿갓 시인의 일탈한 삶을 조명하고 있다.

"모든 일탈자가 다 시인은 아니다. 그러나 시인은 반드시 모두가 일탈자이다. 또 어떤 시인은 전혀 일탈자의 특징들을 가지고 있지 않다. 평범한 삶의 질서에 충실하고 그 기쁨을 웃고 그 슬픔을 운다. 그러나 그 시인도 결국은 일탈자이다. 적어도 그 사람이 시인이라면 언어에서만이라도 반드시 일탈하지 않으면 안 되기 때문이다. 언어는 실용의 질척한 대지를 벗어나서야 고귀한 시의 천상으로 날아오른다."

이 작품에 대해 당시 한 신문사에서는 "서러움과 한에서 출발해 끝내 '자유'에 이르는 한 시인의 일탈된 삶을 기록하고 있는 이 소설은 아름답고 슬프다"라고 평하고 있는데 마지막 책장을 덮은 내게도 '아름답고 슬프다'는 느낌이었다. 좀 덧붙인다면 '마음에 아련한 아픔이 전해오면서도 아무에게도, 무엇에도 얽매임이 없는 시 자체의 삶을 살게 된 그의 삶이 아름답다'는 느낌을 받았다고 할까?

김삿갓 시인은 조선 후기 1807년부터 1863년까지 생존하였던 실재인물 '김병연'이다. 그의 다섯 살 어릴 적 충격적 경험으로부터 책은 시작된다. 순조 11년인 1811년, 할아버지 김익순이 선천에서 방어사로 있다가 홍경래의 봉기군에 사로잡혀 항복하자, 이에 역적으로 몰리면서 그의 일가는 몰락한다. 세도가의 도련님으로 자라던 다섯 살 병연은 형 병하와 함께 집안의 종이었던 한 노비를 따라 부모 집을 떠나 피신을 가서 신분을 속이고 그 노비의 아들로 자라난다. 3년이 지나 역적인 조상의 죄를 후손에게 묻는 멸문은 면한다는 조정의 결정 후에 두 아들을 다시 찾아온 아버지를 따라 집으로 돌아간다. 이곳저곳으로 가족을 데리고 피해 다니며 고생하던 남편이 먼저 세상을 뜨고 나서 김병연의 어머니는 둘째아들 병연이라도 학문을 하여서 쓰러진 가문을 다시 일으키도록 간절히 바란다.

그가 과거시험에 응시하기 전에 자신의 실력을 가늠해볼 겸 강원도 한 고을에 열린 백일장에 참가한다. 그 백일장의 시제는 공교롭게도 '가산 군수 정시의 충성스러운 죽음을 우러러 논하고 김익순의 죄가 하늘에 이름을 굽어 한탄하라'이었다. 가산 군수 정시는 홍경래의 반군에게 저항하다가 장렬하게 전사한 충절 때문에 당대의 선비들에게 추앙받던 자였다. 이 백일장에서 김병연은 할아버지 김익순을 매도하는 시를 써서 장원으로 뽑혔지만 결국 조부를 매도한 죄의식과 수치심으로 장원을 축하하는 자리에 참석하지 않는다. 백일장 후에 과거를 치르기 위해 집을 떠나지만 '대역 자손'에 대한 사회의 냉대는 신분 상승의 길을 찾는 김병연의 앞길을 번번이 막는다.

그가 삿갓을 쓰고 다닌 이유를 작가는 다음과 같이 기록하고 있다.

"더듬고 찾아봐도 제도 안으로 편입, 사회 상층부로의 재편입은 그 길이 없음이 명백해지자 그는 드디어 진작부터 자신을 유혹하던 일탈의 결의를 실천하게 된다. 이듬해 초가을, 둘째 익균이 아직 백일도 나기 전이었다. 그해 출발에 앞서 그는 처음으로 나중 그의 이름을 대신하게 될 삿갓을 썼다. 할아버지에게서부터 피로 이어받은 불충의 죄, 그 할아버지에게 개별적으로 지은 불효의 죄에다 어머니의 일생에 걸친 비원을 풀어드리지 못한 또 다른 불효의 죄를 더해 하늘 아래 떳떳이 드러낼 수 없는 자신의 몸을 가리기 위함이었다. 철없이 뛰노는 큰아들 학균과 아직 핏덩이나 다름없는 둘째 익균, 그리고 막연한 불안에 떨면서도 말리는 말 한마디 못 붙이고 자신을 배웅하는 아내 황씨에게 느껴야 했던 안쓰러움도 어쩌면 그 삿갓으로 가리고 싶었던 죄의식 중의 하나가 아니었던지 모르겠다."

스물대여섯 살에 집을 나선 김병연이 삼십 대 중반까지 떠돌던 초기 방랑지는 함경도, 평안도 일대로서 홍경래가 활동의 근거지로 삼았던 곳이 많았다. 이는 그의 고뇌와 절망이 어디에 근거하는지 잘 말해주고 있다고 작가는 말하고 있다. 홍경래가 반란의 근거지로 삼았던 평안도 다복동에 도착하여 김병연은 할아버지가 자신이 그때까지 들어왔던 소문과는 달리 평등한 사회를 일구려 했던 선각자임을 듣고 마침내 자신이 김익순의 손자임을 밝히고 목놓아 울었다고 한다. 삼십여 년간 그의 내면에 쌓였던 울분과

한을 쏟아놓은 것이리라.

이 책에서 작가는 김병연이 시인이 되어가는 과정과 그의 시의 세계를 네 단계로 나누어 추적하고 있다. 초기 이십 대 젊은 시절에는 고통스러운 현실을 외면하고 내면에만 침잠하되 곧잘 감정의 과장이 들어간 시, 두 번째 단계는 민중시인으로서 민초의 아픔과 고통을 대변하는 풍자와 대담한 파격의 시, 세 번째 단계는 관조와 자기침잠의 정서를 위주로 한 시, 네 번째 단계는 언어를 넘어서서 그 자신이 시 자체가 되는 경지이다.

금강산에서 만난 한 늙은 시인 취옹과 김병연의 대화를 통해 작가는 '시가 무엇인가'에 대하여 말하고 있다. "어르신네의 시는 어떤 것입니까?"라고 묻자 취옹은 "제 값어치로 홀로 우뚝한 시. 치자에게 빌붙지 않아도 되고 학문에 주눅이 들 필요도 없다. … 홀로 갖추었고, 홀로 넉넉하다."라고 대답한다. "하지만 사람은 모여 살아야 하고 제도며 문물에 얽매이기 마련입니다. 무언가로 가려주고 채워주지 않으면 안 될 몸도 있습니다."라고 반문하는 병연에게 취옹은 "시인은 바로 그러한 것들에서 벗어난 자다. 그 모든 것을 떨쳐버린 뒤에야 참다운 시인이 난다."라고 말한다. "그래서 무얼 얻습니까?"라고 묻는 병연에게 "시다. 그걸로는 벼슬도 생기지 않고 공명도 오지 않고 재물도 얻어지지 않는다. 그러나 때로는 그 한 구절로 셋 모두를 갈음할 수 있는 게 시다."라고 명쾌하게 말해준다. 그리고 시를 얻음으로써 '스스로를 자유하게 하고 나아가서는 남을 자유하게 하는' 것을 얻을 수 있으며 사람이 자유하게 된다는 것은 '마음과 몸이 그 얽매임에서 벗어난다'는 것이며 마음이 그 얽매임에서 벗어난다는 것은 '만상이 품은바 그 원래의 뜻을 바라봄'이라고 설명한다.

그동안 남을 가르치고 교화하거나 옳고 바름의 길잡이라는 도구와 수단으로 시를 썼던 그는 취옹과의 만남을 통해 시 자체만으로 충족되는 삶이 있을 수 있다는 가능성과 참다운 시인은 모든 것을 떨쳐버린 자라는 개념을 가지게 되었고 이는 그가 온전한 시인으로 출발하는 계기가 되었다. 이동하 평론가가 언급한 대로 김병연이 오랜 내적 외적 편력을 거쳐 맨 마지막에 도달한 지점은 '언어와 문자의 범주를 초월한 경지로서 여기에 이르면 시인은 이제 더 이상 시를 써서 발표하는 자가 아니라 그 자신의 온몸이 바로 시 자체인 사람을 의미함' 이다. 아버지 김병연을 찾아 다시 집으로 돌아오도록 하려던 아들 익균은 아버지를 모시고 집으로 돌아오는 도중에 이러한 시인의 경지에 이른 아버지의 모습을 체험하고 밤에 조용히 일어나 떠나는 아버지가 자유로운 시인의 길을 가도록, 잠든 척 누운 채 있으면서 더 이상 그를 붙잡지 않는다.

"어둠 속에서 희끗희끗 멀어져 가는 아버지는 이미 자신의 아버지가 아니었다. 시인일 뿐이었다. 세상 아무것에도 얽매이지 않은 시인일 뿐이었다. 어느 새 주막 사립문을 벗어난 아버지는 풀숲길로 들어서는가 싶더니 이내 자취가 사라졌다. 나무가 되었거나 돌이 되었거나 꽃 하얀 찔레넝쿨이 되었거나 혹은 짙어지기 시작하는 새벽안개가 되어… ."

익균이 아버지의 뒷모습을 마지막으로 본 3년 후, 한 많던 시인은 그의 방랑을 마침내 끝내고 시의 고요 속에 잠긴다. 소설 마지막 부분에서 익균이 떠나는 아버지를 향해 축원의 말로 혼자 작별인사하였던 것처럼. "평안히 가십시오. 당신의 시 속에서 내내 고요하고 넉넉하십시오…."

월북한 아버지로 인해 제도와 체제 속에 들어가지 못하고 젊은 날 고뇌하였던 이문열 작가가 김삿갓 시인의 고뇌와 절망을 어느 작가보다 가장 잘 묘사할 수 있었을 것이다.

(교포신문 2016년 3월)

류시화 시인의 인도 여행기 ≪하늘 호수로 떠나는 여행≫

책을 읽으며 혼자 몇 번인가 소리 내며 웃을 수 있는 책을 만나는 것은 아주 드문 일이다. 지난 보름간 한국 여행 때 남동생 서가에서 가져온 류시화 시인의 ≪하늘 호수로 떠나는 여행≫은 새로운 감동과 재미와 웃음을 선사하였다. 아직 내 발로 밟지 못한 신비의 땅 '인도'라는 지구 한 편에서 일어나는 가난한 하층민, 삶의 지혜를 가르치는 현자, 명상으로 진리를 깨달아가는 성자의 삶, 인도인 특유의 기발하고 감동적인 삶 속으로 안내해주었다. 1997년에 초판이 나온 이래 2005년에 벌써 64쇄를 찍을 만큼 독자들의 반향이 컸다는 것을 알 수 있다. 단순한 호기심으로 출발한 한두 번의 여행 후에 쓴 글이 아니라 십 년이 넘는 오랜 세월 동안 매년 겨울이면 인도를 향해 먼 여행길에 오르면서 작가가 배운 삶의 지혜와 인생의 체험을 쓰고 있다는 점에서 신뢰감을 가지고 읽을 수 있는 책이다.

〈구두가 없어도 인도에 갈 수 있다〉는 작품에서 작가가 왜 인도 여행을 단행했는지 한 영화를 통해 드라마틱하게 말하고 있다. 폴란드의 한 유대인 마을에 살던 사람들은 모두 죽기 전에 성지 순례를 떠나고자 하는 공통된 소망을 가지고 있었다. 그러나 '소가 새끼를 낳으면…' '성지 순례를 멋진 노래를 부르며 가야 하는데 기타 줄이 끊어져서…' '난 신고 갈 구두가 없어서…' 하며 미루다가 결국 마을에 쳐들어온 독일군에 이끌려 가스실로 들어가면서 그들은 회한의 말을 남긴다. '그때 갔어야 하는 건데… 이미 때는 늦었어.' 작가는 이 영화에 충격을 받고 그동안 마음만 먹고 미루어왔던 인도 여행을 일주일 만에 단행한다.

갠지스 강에서 적선을 구하는 노인, 뻔한 거짓말을 하는 상인, 젊은 소매치기 청년, 게으르고 가난한 거지의 말 속에도 나름대로 분명한 삶의 철학이 있는 현자의 모습을 작가는 발견한다. 그리고 자신의 성급하고 통찰력이 부족함을 깨달아가며 삶의 진리를 배운다. 그 삶의 지혜와 깨달음을 책 속 여행길을 통해 독자도 실감나게 배우는 것이다. ≪마음을 열어주는 101가지 이야기≫(원제: 내 영혼을 위한 닭고기 수프)를 비롯한 여러 명상 서적을 번역하기도 한 작가는 그가 어렵게 체험한 진솔하고 감동적인 여행담을 친근하고 맛깔나면서 여운을 남기는 문체로 읽는 이의 마음을 적

셔준다.

책 제목을 따온 작품 ≪하늘 호수로 떠난 여행≫은 작가가 인도 서부와 파키스탄 국경지대 근방, 북인도 라자스탄 사막의 끝자락에 있는 한 조그만 '쿠리'라는 마을에서 체험한 여행기이다. 그곳에는 초가집 몇 채 이외에는 텅 빈 곳이나 다름없는 마을에 단 한 군데 있는 호텔이라는 곳에 들어갔으나 투숙할 방은 그 천장에 구멍이 뚫려있어 하늘이 보이는 방이었다. 작가는 주인에게 '만일 밤에 비가 올 경우에 숙박비를 한 푼도 줄 수 없다'고 말하자 주인은 '이 마을엔 지난 50년 동안 비가 오지 않았다'고 하며 45살인 그는 비를 구경한 적이 없다고 말한다.

비록 가난한 마을 사람들이었지만 먼 거리를 찾아온 낯선 여행자의 건강을 염려하여 자기들 집에서 밀가루 떡과 온갖 먹을 것을 그에게 갖다 주었는데 그 감회를 다음과 같이 적고 있다.

"나는 그 어느 때보다도 많이 먹었으며, 배가 부른 것보다 스무 배 이상으로 마음이 불렀다. 그들이 사막 어딘가에서 떠온 우물물은 사막 같은 내 인생을 축축이 적셔주고도 남았다."

그날 호텔에 돌아와 그 외진 마을에서의 여행담을 그는 다음과 같이 매듭짓고 있다.

"가진 게 없지만, 결코 가난하지 않은 따뜻한 사람들의 토담집 위로 별똥별이 하나둘 빗금을 그으며 떨어져 내렸다. 지상에서 살아가고 있는 우리 역시 저 하늘 호수로부터 먼 여행을 떠나온 별들이 아닐까 하는 생각이 들었다. 잠들 때까지 별을 구경할 수 있는 구멍 뚫린 방이 나는 너무 좋았다."

31편의 작품이 끝나면서 세 편의 부록이 책의 무게를 더하여 준다. 〈눈에 눈물이 없으면 그 영혼에는 무지개가 없다〉 〈크게 포기하면 크게 얻는다〉 〈노 프라블럼 명상법〉이라는 소제목의 인디아 어록이 실려 있다. 이 어록은 그가 인도를 여행하면서 길에서, 기차 안에서, 여인숙 주인에게서 들은 인상적인 말들을 모은 것으로서 작가는 "내 여행길을 자꾸만 인도로 향하게 만든 것은 바로 인도 여행의 백미라고 할 수 있는 이 어록들이었다."고 단언한다.

작가는 그들의 삶의 자세에 대해 명쾌하게 요약한다. "인도를 여행하는 도중에 가장 많이 듣게 되는 말이 바로 이 '노 프라블럼'이다. 언제 어디서 어떤 문제가 닥쳐와도 그들은 노 프라블럼이라고 말한다. …. 이미 수천 년 전부터 정해져 있는 대로 모든 일이 잘 진행될 텐데 왜 스스로 안달하고 초조해져서 자신을 괴롭히냐는 것이다." 인도인의 삶의 철학이라고 할 수 있는 '노 프라블럼' 명상법의 핵심 내용은 '외부에서 일어나는 일로 결코 자신을 괴롭히지 말라'는 것이다. 작가는 인도 사상에 많은 영향을 받은 것으로 짐작하는 희랍 철학자 에픽데투스의 말을 책의 끝에서 인용하고 있다.

“삶에서 잃을 것은 아무것도 없다. 어떤 경우에도 ‘난 이러이러한 것을 잃었다’고 말할 것이 아니라 ‘그것이 제자리로 돌아갔다’고 말하라. 그러면 마음의 평화를 잃지 않을 것이다. 너의 배우자가 죽었는가? 아니다. 그는 본래의 자리로 돌아간 것뿐이다. 너의 재산과 소유물을 잃었는가? 아니다. 그것들 역시 본래의 위치로 돌아간 것이다.” 그리고 인도의 영적 스승 사티야 사이 바바의 말을 인용하며 237쪽에 이르는 책의 마침표를 찍고 있다.

“사람들은 곧잘 아는 것이 힘이라고 말한다. 그러나 문제를 초월하는 자세가 더 큰 힘이다.”

작가는 인도의 한 ‘구루’(영적인 스승)를 찾아가는데 움막 짓는 일만 반복해서 시키다가 매번 허물어버리고 다시 짓도록 말하는 스승에게 마침내 인내의 한계를 느끼고 버스를 타고 떠나려고 한다. 그때, 떠나는 그의 뒤에서 스승은 세 가지 만트라(진언, 진리의 말)를 전수해준다.

첫째, 너 자신에게 정직하라. 세상 모든 사람과 타협할지라도 너 자신과는 타협하지 말라. 둘째, 기쁜 일이나 슬픈 일이 찾아오면 그것들 또한 머지않아 사라질 것을 명심하라. 어떤 것도 영원하지 않음을 기억하라. 그러면 어떤 일이 일어난다 해도 넌 마음의 평화를 잃지 않을 것이다. 셋째, 누가 너에게 도움을 청하러 오거든 신이 도와줄 것이라고 말하지 말라. 마치 신이 존재하지 않는 것처럼 네가 나서서 도우라.

오랜 세월에 걸쳐 힘들고 고통스러운 여행길을 걸었던 작가 덕분에 고생하지 않고서도 집 안에서 이 한 권의 책을 읽으며 인생의 소중한 만트라를 배울 수 있는 복을 누릴 수 있었다.

(교포신문 2016년 7월)

정호승 시인의 어른을 위한 동화 ≪항아리≫

'동화'는 일반적으로 어린이를 대상으로 재미있고 교훈적인 이야기를 쓰는 문학 장르이다. 동심을 바탕으로 쓴 공상적이며 서정적인 문학 작품으로 어린이들에게 꿈을 심고 상상력을 키워주며 인간과 자연에 대한 따듯한 시선과 가슴을 갖도록 만든다. 요즘은 어른을 위한 동화도 점점 알려지고 있다.

첫 시집 ≪슬픔이 기쁨에게≫(1979) 이후 ≪서울의 예수≫(1982), ≪외로우니까 사람이다≫(1998) 등의 시집으로 알려진 정호승 시인은 1996년 ≪에밀레종의 슬픔≫, 1998년 ≪연인≫ 발간 이후로 어른을 위한 동화 쓰기로 더욱 많은 독자의 사랑을 받는 듯하다. 그는 1972년 한국일보 신춘문예 동시 당선, 1973년 대한일보 시 당선을 거쳐 1982년에는 조선일보 신춘문예 소설에 당선하였다. 동시와 시, 소설 장르를 두루 아우르는 작가가 쓴 동화인 만큼 시적인 서정성과 소설의 탄탄한 구성의 힘을 보인다.

그의 동화집으로는 ≪항아리≫(1998), ≪모닥불≫(2000) 등이 있다. 그의 동화에는 인물이 주인공으로 등장하기보다 주로 사물이나 식물, 동물 등을 의인화하여 주인공으로 하여 쓴 작품이 많은데 우리 주위의 사물이나 자연을 무심히 지나치지 않고 깊은 관심과 애정으로 바라보는 작가의 따뜻한 시선을 읽을 수 있다.

1998년에 초판이 나온 후, 36쇄를 거쳐 2008년에 네 편의 작품이 더 추가된 개정판 ≪항아리≫에는 20편의 작품이 옹기종기 모여 있다. 그의 동화집 ≪연인≫에 삽화를 그렸던 박항률 화가가 다시 작가와 호흡을 맞추어 소박하고 따스한 감성이 우러나는 그림으로 작품 속 이야기와 함께 신비하고 따듯한 동화의 세계로 이끌어준다.

작품 ≪항아리≫는 '나의 존재의 의미와 가치가 무엇인가?' 하는 상당히 어렵고 철학적인 질문을 항아리의 독백을 통하여 알기 쉽고 감동적으로 깨우쳐준다. 독 짓는 한 젊은이로부터 버려진 항아리는 땅에 묻혀서 사람들의 오줌 항아리로 냉대를 받는다. 항아리는 자신의 처지를 한탄하며 '나의 참 존재의미와 나의 삶의 가치는 무엇일까?' 하고 고민한다. 오랜 세월이 지나 독 짓는 젊은이가 늙어 죽게 된 후, 그 터에 절이 세워진다. 오랫동안 땅에만 묻혀 사람에게 버려지고 잊혔던 항아리가 어느 날, 종소리가 맑지 못한 것을 고민하던 스님의 눈에 띄게 된다. 마침내 항아리는 종각의 종 밑에 묻혀 범종이 울릴 때마다 아름다운 음향이 울려 퍼지도록 소중한 음관으로 탈바꿈한다.

"나를 종 밑에 묻고 종을 치자 너무나 놀라운 일이 일어났습니다. 종소리가 내 몸 안에 가득 들어왔다가 조금씩 조금씩 숨을 토하듯 내 몸을 한 바퀴 휘돌아나감으로써 참으로 맑고 고운 소리를 내었습니다. … 나는 내가 종소리가 된 게 아닌가 하는 착각에 몸을 떨었습니다. 그러면서 그때서야 깨달을 수 있었습니다. 내가 그토록 오랜 세월 동안 참고 기다려온 것이 무엇이며, 내가 이 세상을 위해 소중한 그 무엇이 되었다는 것을. 누구의 삶이든 참고 기다리고 노력하면 그 삶의 꿈이 이루어진다는 것을. … 요즘 나의 영혼은 기쁨으로 가득 찹니다. 범종의 음관 역할을 함으로써 보다 아름다운 종소리를 낸다는 것, 그것이 바로 내가 바라던 내 존재의 의미이자 가치였습니다."

오랜 인내와 고초의 세월 후에 아름다운 가치를 지닌 존재가 됨을 알려주는 아름다운 작품이다.

〈섬진강〉은 지리산을 어머니로, 섬진강을 아들로 의인화시킨 작품이다. 섬진강은 지리산의 품을 떠나지 않으려 하였다. 낯선 곳으로 흐르지 않으려는 섬진강에 지리산은 그가 바다로 흘러가야 함을 가르쳐준다. "넌 너 자신을 위해서나 남을 위해서나 흘러

가지 않으면 안 된다. 흐르는 것이 너의 삶이고, 흐르지 않는 것은 너의 죽음이다. 흐르지 않으면 너는 썩어 죽고 만다. 네가 죽으면 다른 이들도 함께 죽게 된다."라고 말한다. 마침내 바다와 한 몸이 되어 다도해가 된 섬진강은 지리산이 왜 그에게 냉혹하리만큼 흘러가도록 말하였는지 깨닫게 된다. 편안한 어머니 품을 떠나 계속 낯선 곳으로 흘러가면서 너른 바다를 만들어야 한다는 교훈이 작품 속에 감동적으로 녹아 들어있다.

작품 〈네가 있어야 내가 있다〉은 이웃과 서로 대립하거나 배척하면 결국 자신에게도 손해와 피해가 온다는 진리를 말하며 서로 돕고 위하는 상생의 관계를 가져야 함을 깨우쳐 준다. 남쪽으로 뻗은 잣나무의 가지가 북쪽으로 뻗은 볼품없는 마른 가지를 업신여기고 구박하며 미워한다. 그러나 북쪽 가지가 태풍에 꺾였을 때 결국 남쪽 가지도 그를 지탱하여주던 가지가 없어서 한쪽으로 기울어져 쓰러지게 되고 마침내 그 잣나무는 쓸모없는 나무로 베어지게 된다.

〈비익조〉에서는 태어나면서부터 왼쪽 날개 한쪽만 가지고 태어난 어린 새에 대한 이야기로 시작된다. '비익조'는 눈과 날개가 각각 하나씩인 전설상의 새인데 암수가 짝을 지어야만 볼 수 있고 날 수 있다고 한다. 어린 새는 어른이 되어 사랑하게 되면 하늘을 날 수 있다는 어미 새의 말을 듣고 사랑을 찾아 길을 나선다. 역시 날기 위하여 사랑을 찾던 새 한 마리를 만나 사랑하게 되고 함께 하늘을 날려고 하지만 그들은 날기를 시도하다가 언덕 아래로 곤두박질만 치게 된다. 어미 새는 그에게 참사랑이 무엇인가 가르쳐 준다. "아들아, 중요한 것은 사랑에는 어떤 목적이 있어서는 안 된다는 것이다. 사랑은 그 어떤 목적을 이루기 위해서 있는 게 아니야. 사랑하다 보면 자연히 원했던 삶이 이루어지는 거야." "진실로 사랑하지 못하면 우리는 날 수가 없다. 우리가 사랑한다는 것은 바로 나머지 하나의 날개를 얻는다는 것이다." 아들 새는 날아야 한다는 자신의 이기적인 목적을 이루기 위한 사랑은 곧 파괴되고 만다는 사실을 깨닫고 진실한 사랑을 찾게 된다.

작가는 책 서문에서 그가 이 동화책을 쓴 이유에 대해 쓰고 있다. "이 동화는 나 자신의 존재 의미와 가치가 무엇이며 그것을 어떻게 무엇으로 알 수 있는가 하는 문제를 깊이 생각하기 위하여 쓰였습니다. 저는 이 동화를 쓰는 동안 결국 서로를 이해하면서 사랑하는 가운데에 나 자신의 존재적 가치와 의미가 있다는 것을 알 수 있었습니다. 내가 누구이며 어떻게 사랑해야 하는가, 나의 상처를 어떻게 해야 하는가 하는 문제 또한 아울러 알 수 있었습니다. 저는 여러분들과 이 동화를 통하여 서로 위로의 관계가 되고 싶습니다."

조기 정년과 실업, 가족 간의 갈등이나 파탄, 노인 문제, 병과 죽음, 테러와 전쟁, 난민 문제 등 지뢰밭과 같이 언제 어디서 인생의 지뢰가 터질지 모르는 위태하고 삭막한 이 시대를 살아가는 어른들에게 어떻게 살아야 하는가 생각하게 하고 가슴을 따뜻하게 만들어주는 동화는 점점 더 필요한 문학 장르인지도 모르겠다. 소박하고 잔잔한 평안을 주는 시 작품으로 많은 독자를 위로하는 이해인 시인도 어느 책에선가 자신도 그녀의 문학 인생에 어른을 위한 동화 한 편을 남기고 싶은 바람이 있다고 쓴 글이 기억난다.

낮은 목소리로 큰 울림을 주는 동화를 쓰는 작가로 알려진 정호승의 동화 ≪항아리≫를 읽으며 나의 가슴도 따뜻해짐을 느꼈다.

(교포신문 2016년 7월)

혜경궁 홍씨의 70년 궁중생활 회고록 ≪한중록≫

오래전 학창시절, 역사 시간에 배웠던 '사도세자' 이야기는 그 특별하고 기이한 내용으로 오랜 세월이 흘렀어도 잊히지 않는 이야기이다.

영조가 당시 28살이었던 세자 경모궁을 뒤주에 가두어 죽게 한 비운의 사건을 가장 아픈 마음으로 가슴을 치며 체험한 이는 세자빈 혜경궁 홍씨(1735~1815)였다. 시아버지 영조와 아들 정조, 손자 순조에 이르는 70여 년의 세월을 궁중에서 보냈던 그녀의 삶은 겉으로 보기에 여인으로서 가장 부귀영화를 누렸을 삶처럼 보인다. 그러나 1762년 임오년에 사도세자가 죽은 '임오화변'을 겪고, 노론과 소론 간의 당파 싸움으로 친정이 모함을 받아 남동생이 역적으로 몰려 죽임을 당하는 등, 누구보다 원통하고 뼈아픈 삶을 살았다. 그녀의 파란만장한 삶을 기억으로 풀어낸 ≪한중록≫은

1795년부터 1805년까지 그녀가 세 번에 걸쳐 쓴 글을 모은 책이다.

첫 번째는 1795년에 조카 홍수영의 제안으로 회갑을 맞아 어린 시절부터 자신의 삶을 돌아보는 글을 썼고, 두 번째는 순조의 생모인 가순궁의 제안으로 순조와 후손들을 위해 남편 사도세자에 대한 자세한 기록을 남겼다. 세 번째는 영조 당시 영의정이었던 친정아버지 홍봉한이 영조에게 사도세자를 뒤주에 가두도록 제안하였다는 소문에, 그녀의 아버지가 그 일을 제안한 것이 아니라 영조 자신이 생각해낸 것이라고 그날의 일을 조목조목 기록하며 친정이 역적으로 모함 받는데 대항하여 사실을 밝히는 글을 썼다. 이 세 편의 글을 모아 편집한 책이 ≪한중록≫이다.

'조선시대 대표적인 궁중 문학'이며 '조선시대 산문문학의 백미'라고 꼽히는 이 책을 읽으며 마치 250여 년이 넘는 세월을 훌쩍 되돌려 그때 궁중 안에서 일어난 일들을 그녀와 함께 지금 실제로 겪는 듯한 느낌을 받았다. 그만큼 당시 그녀의 감정과 내면의 고통을 생생하고 유려한 문체로 그려냈다. 육십이 넘고 칠십 살이 된 나이에 어떻게 그 많은 사건과 일을 세밀한 그림 그리듯 글로 그려낼 수 있을까 싶었는데 정조가 그의 어머니에 관해 서술한 글을 읽고 어느 정도 이해가 되었다.

정조는 어머니 혜경궁 홍씨가 매우 박학다식하였으며 기억력이 뛰어나서 한 번 듣거나 본 것은 잊지 않고 기억하였다고 한다. 또한, 그녀가 골수 깊이 맺힌 원통함과 억울한 세월을 보냈기 때문에 더욱 그러하리라 싶었다.

아홉 살에 세자빈으로 간택되어 열 살에 사도세자와 혼인한 혜경궁 홍씨는 결혼한 다음 해부터 세자의 울화증 증세가 나타났다고 쓰고 있다. 나중에는 강박증으로 옷까지 잘 입지 못하고 궁인들이나 내시들이 그의 마음에 드는 옷을 열 벌에서 이삼십 벌 정도 찾아오기까지 그들을 힘들게 하거나 심지어 죽이기까지 하는 '의대증' 증세도 기록하였다. 사도세자가 죽은 후, 그의 죽음을 둘러싼 논란에 대하여 그녀는 자신이 보고 체험한 사실 그대로 기록하면서 세자의 병이 없는데도 신하들의 모함으로 영조가 아들을 죽게 하였다는 소문이 사실이 아니라 실제로 병이 있었음을 그의 증세와 기괴한 행동을 통해 밝히고 있다. 그러면서 이 사도세자의 병은 편집증이 있는 영조로부터 사랑과 인정을 받지 못하고 항상 심한 질책을 받고 세자로서의 대우를 받지 못한 데서 생긴 울화증이라고 하였다.

그녀는 사도세자의 죽음을 둘러싼 세간의 논란에 대해 다음과 같이 말하고 있다. "경모궁 (사도세자) 병환이 망극하시어 임금께서 위태로웠고 종사가 아슬하여 급박한 지경이었으니, 영조께서도 애통망극하시나 어쩔 수 없어 그 처분을 하신 것이라. … 경모

궁께서도 불행히 망극망극한 병환으로 인하여 어쩔 수 없는 일을 당하신 것이라."

그리고 사도세자의 병과 왕위를 둘러싼 권력 싸움의 소용돌이 가운데 기막히고 가슴 놀랄 일들을 수없이 겪으며 몇 번이나 스스로 목숨을 끊고자 하였다고 고백한다. 그러나 아들인 정조가 왕위를 계승하기까지 자신이 아들을 지켜야 한다는 일념으로 목숨을 끊지 못하였다고 쓰고 있다. 책 곳곳마다 '세상에 나 같은 사람이 다시 어이 있으리오' 하며 자신의 슬프고 원통한 심정을 절절히 쓰고 있다.

1762년, 열한 살의 나이에 아버지 사도세자가 뒤주에 갇히는 엄청난 사건을 직접 눈으로 본 정조는 즉위 직전에 영조에게 〈승정원일기〉에서 아버지 사도세자에 대한 그 날의 기록을 지워달라고 상소를 올렸다. 따라서 ≪한중록≫은 〈조선왕조실록〉이나 〈승정원일기〉에도 기록되지 않은 영조와 사도세자 사건에 관련된 사실과 사건을 자세한 기록으로 남긴 사료적 가치가 매우 높다.

자손과 후손들이 그 큰일을 알지 못하면 도리가 아니라는 생각으로 "주상(순조)이 어렸을 때 이 일을 알고자 하시나, 정조께서 차마 자세히 이르지 못하시니 다른 사람이 누가 감히 말하리오. 또 뉘 능히 이 사건을 잘 알아 말하리오. 내가 없으면 궐내에서도 알 이 없으니 마침내 아무도 이 일을 모르게 될 것이라." 하며 날마다 먹을 갈고 붓을 들어 슬픔과 한을 풀어나간 혜경궁 홍씨가 있었기에 이 전대미문의 역사적 사실이 그 시대를 뛰어넘어 후손들에게까지 알려지게 되었다.

70여 년 세월 동안 궁중에서 하루하루 칼날을 밟는 듯한 날들을 보내며 수없이 목숨을 끊고자 하는 슬픔과 절망감을 맛보았던 그녀는 "하늘이 무섭고 차마 망극망극하여 얼른 죽어 아무것도 모르고 싶더라"고 자신의 깊은 고통과 절망을 고백하고 있다. 사도세자가 역적으로 몰려 죽었을 때는 어린 아들 정조와 함께 역적의 아내요 아들로서 목숨의 위태로움까지 느꼈다. 그토록 기구한 삶을 살았던 그녀는 소문과 모함, 거짓을 파헤치는 사실과 진실의 기록을 남기고자 70이 넘는 나이에도 붓을 들어 ≪한중록≫이라는 탁월한 궁중문학을 후손에게 남겼다.

이 책을 해설하고 엮은 정병설 교수는 머리말에서 ≪한중록≫의 문학적 가치에 대하여 다음과 같이 평가하고 있다. "나는 ≪한중록≫을 열 번 스무 번 거듭 읽어나가면서 연방 감탄하였고 또 빠져들었다. ≪한중록≫은 조선시대 어떤 문학도 도달하지 못한 인간의 깊은 곳에 닿아 있었고, 세계문학 어디에서도 찾아보기 어려운 인간 내면의 도도한 물결을 그려냈다. ≪한중록≫은 역사와 문학을 뛰어넘는 인간 내면의 기록이다. 이러한 소중한 유산을 남긴 혜경궁 홍씨에게 감사하지 않을 수 없다."

마치 한 편의 장대한 장편소설을 읽는 듯한 느낌을 받은 485쪽에 이르는 두꺼운 책을 읽고 난 나의 감상도 "70여 년이라는 모진 운명과 비극의 세월을 견뎌내고, 아픈 역사의 진실을 붓으로 써서 소중한 정신 유산, 문학의 유산을 남긴 혜경궁 홍씨에게 감사한 마음이다."로 요약할 수 있겠다.

(교포신문 2016년 9월)

≪세종처럼 읽고 다산처럼 써라≫

우리나라에서 세계적인 지도자 반열에 들어갈 수 있는 분으로 세종대왕(1397~1450)과 다산 정약용(1762~1836)을 꼽을 수 있지 않을까 싶다. 태종이 첫째 아들이 아닌 셋째 아들 충녕대군 세종을 후계자로 세운 것은 세종이 어릴 때부터 책 읽기를 좋아하고, 책 속에서 그의 인품과 인격을 갈고닦았기 때문이다. 조선 왕조가 500여 년이나 이어졌던 것은 세종대왕의 독서경영이 있었기 때문이라고 ≪세종처럼 읽고 다산처럼 써라≫(다이애나 홍, 유아이북스)의 저자는 말하고 있다.

'리더(leader)가 되려면 리더(reader)가 되어야 한다'는 말이 있다. 지도자에게는 지나간 역사를 통해 현재 상황에 슬기롭게 대처하는 지혜와 더불어 미래를 앞서 보고 대비하는 통찰력, 그리고 무엇보다 인재를 분별하는 혜안이 필요하다. 이러한 지도자의 요건은 물론 타고나기도 하지만 배우고 훈련하고 성장하지 않고는 그 재질을 올바로 쓰기가 쉽지 않다. 시간과 공간의 제한을 뛰어넘어 역사와 미래를 넘나들며 배울 수 있는 길은 끊임없는 독서를 통해 배우고 성장하는 길이 가장 확실한 방법이다. 여기에서 말하는 '책'이란 문학, 역사, 철학 등 여러 시대를 걸쳐 많은 사람으로부터 검증된 고전과 문학, 역사서, 미래 관련 서적 등 좋은 책을 말하는 것은 물론이다.

세종은 새벽에 눈을 뜨면 책 읽기로 하루를 시작하였다. 세종이 그토록 책을 많이 읽었던 이유가 무엇일까? '백성의 번영을 위해 무엇을 할 것인가 찾기 위함이었다'고 저자는 말하고 있다. 세종은 혼자 읽을 뿐만 아니라 더 나아가 신하들과 함께 책을 읽고 그들과 토론하는 가운데 창조적인 아이디어를 얻고 국정을 운영하는 창조 경영, 인재 경영을 하였다. 이러한 가운데 '백성을 가르치는 바른 소리'라는 뜻인 '훈민정음'으로 일컬어졌던 한글을 창제하는 위대한 업적을 남겼다. 실제로 세종이 말과 글의 원리가 들어있는 전문 음운학 서적인 ≪홍무정운≫을 독파한 것이 훈민정음을 만드는 데 중요한 자료가 되었다고 한다. 그는 유능한 신하들이 일에 묻혀 책 읽을 시간이 부족한 것을 안타까워하여 독서휴가를 보낼 만큼 책을 통한 공부의 중요성을 깊이 인식하고 있었다. 이 책에서 저자는 세종의 독서 습관을 열 가지로 요약하여 소개하고 있다.

조건 없이 읽었다/ 가슴으로 읽었다/ 반복해서 읽었다/ 서가독서제로 독서 휴가를 권했다/ 신하들과 함께 읽었다/ 토론하고 의견을 존중했다/ 온 세상이 다 책이었다/ 자연을 가장 위대한 스승으로 삼고 독서에 임했다/ 경전과 역사서를 읽었다/ 책을 통해 자신을 읽고 세상을 읽었다.

세종이 이처럼 책 읽기의 모범을 보인 정치적인 지도자라면, 다산 정약용은 책 쓰기의 모범을 보인 학문의 지도자라고 볼 수 있다. 다산은 조선 후기 실학자이자 시인이며 과학자, 저술가이다. 그는 벌써 열 살 때 ≪삼미집≫이라는 시집을 엮었다. 그의 눈썹이 천연두를 앓은 후, 세 갈래로 갈리어져 있어서 붙여진 별명에서 따온 제목이다. 다산을 이탈리아의 레오나르도 다빈치와 견줄 만하다고 저자는 소개한다. "이탈리아에 레오나르도 다빈치가 있다면 우리나라에는 다산 정약용이 있다는 사실을 온 천하에 고하고 싶다. 레오나르도 다빈치는 이탈리아의 과학자로 조각, 건축, 토목, 수학, 과학, 음악 등 거의 모든 분야에서 재능을 나타내었는데, 다산 정약용 역시 거의 모든 분야에서 두각을 나타내었고, 약 500여 권의 저서를 남긴 저력은 경이로운 성과이다."

정조의 신임을 받아 벼슬을 하던 다산은 천주교 탄압으로 일어난 신유사옥 때, 반대파들의 시기와 공격으로 좌천되어 전라도 강진으로 귀양을 가게 된다. 유배지에서의 철저한 고독을 견디어 내며 책 읽기에 몰입하였던 그는 "독서야말로 인간이 해야 할 첫째의 깨끗한 일이다. 오직 독서 이 한 가지 일이 위로는 옛 성현을 좇아 함께 할 수 있게 하고 아래로는 백성을 길이 깨우칠 수 있게 하며 신명이 통달하게 하고 임금의 정사를 도울 수 있게 할 뿐 아니라, 인간이 짐승과 벌레의 부류를 벗어나 저 광대한 우주를 지탱하게 만드니 독서야말로 우리의 본분이라 하겠다."고 말하였다. 이처럼 독서에 대한 확고한 신념이 있었기에 그는 18년 동안의 유배 생활 가운데서도 그의 외로움과 절망감을 뛰어넘어 책 읽기와 책 쓰기에 몰입하여 500여 권의 책을 저술하였다. 그가 그토록 많은 책을 쓴 이유도 '백성을 위해서 무엇을 해야 할 것인가를 찾기 위함이었다.'고 한다.

오늘날 컴퓨터와 노트북, 아이패드 등 첨단 기기들을 가지고 신속하게 타이핑하며 글을 쓰는 작가들도 일 년에 한 권의 책을 저술하기가 쉽지 않다. 그런데 18년 동안 500여 권을 저술하였다면 일 년에 28권 정도의 책을 저술하였다는 것인데 어떻게 이러한 일이 가능하였을까? 저자는 참으로 경이롭다고 거듭 경탄하며 다산의 가르침인 '삼근계'와 그의 저술 방법인 '초서'를 소개한다.

책을 읽다가 중요한 구절이 나오면 발췌해서 옮겨 적는 것을 '초서'라고 하는데 그는 책을 읽는 틈틈이 이렇게 초서를 해두었다가 관련 있는 것끼리 모아 재배치하고 첨삭하거나 가공한 다음에 제목을 붙였다고 한다.

다산의 가르침의 핵심은 '삼근계'로서 '부지런하고 부지런하고 부지런하라'는 가르침을 남겼다. '생각을 부지런히 하고, 손을 부지런히 움직이고, 발로 부지런히 뛰어다니라'는 가르침이다. 그 자신이 40세부터 58세까지 유배지에서 지내는 동안 수많은 책을 읽고 수없이 많은 글을 썼다. 시련과 혼돈의 세월 속에서 절대 고독을 견디어 내면서 얼마나 오랜 시간 동안 책을 읽고 썼던지 바닥에 닿은 그의 복사뼈에 세 번이나 구멍이 뚫릴 정도였다고 한다.

오늘날 정치 지도자들이나 교수와 교사, 작가 등 학문적 지도자, 정신 지도자들이 세종처럼 책을 가슴으로 읽고 다산처럼 치열한 기록 정신으로 쓰면서 자기성찰과 자기 수양을 부지런히 한다면 후대에까지 영향력을 끼치는 훌륭한 지도자들이 세워지고 올바른 나라가 만들어지지 않을까 싶다. 책을 통해 자신을 읽고 세상을 읽을 수 있는 통찰력을 얻을 수 있고, 글을 씀으로써 자기성찰과 더불어 후세에까지 자신이 배운 바를 전하고 남길 수 있기 때문이다. "다산이 그토록 읽고 쓰기를 강조한 것은 읽지 않으면 세상과 타인을 쉽게 원망하기 때문이었다. 그리고 함부로 말하는 가벼운 언행을 염려해서이기도 하였다. 글을 쓴다는 것은 곧 자기 성찰이다."고 저자는 책의 마지막 결론을 맺고 있다.

다산 정약용의 대표적 저서인 ≪목민심서≫(1818)는 목민관, 즉 지방 관리들이 백성을 다스려야 하는 도리를 기록한 지침서이다. 그 책 서문에서 '군자의 학문은 수신(자기 수양)이 그 절반이요, 나머지 절반은 목민(백성을 다스리는 것)'이라고 하였다. 그리고 그 책의 핵심을 다음과 같이 밝히고 있다. "청렴은 백성을 이끄는 자의 본질적 임무요, 모든 선행의 원천이며 모든 덕행의 근본이다." 그의 명언 한 구절도 오늘날 엘리트라고 하면서도 거짓말을 일삼는 적지 않은 지도자들에게 일침을 놓는다. "공부는 모름지기 먼저 거짓말하지 않는 일부터 신경 써야 한다. 잘못은 숨길수록 커진다." 다산은 2백여 년 후에도 백성들이 청렴하고 정직한 지도자들을 찾고 있음을 앞서 내다본 것일까?

(교포신문 2016년 11월)

정유년에 읽는 장편동화 ≪마당을 나온 암탉≫

2017년 정유년 붉은 닭의 해가 시작되면서 며칠간 독감을 앓는 중에 암탉이 주인공으로 등장하는 동화 한 편을 다시 읽어보았다. 몇 년 전, '언젠가 황선미 작가의 ≪마당을 나온 암탉≫과 같은 동화 한 편을 쓰고 싶다'는 이해인 시인의 글을 읽고, 이 책을 사서 읽은 적이 있다.

1995년에 동화작가로 등단한 황 작가가 2000년 5월에 발간한 이 책은 그 당시 발행일 2011년 9월에 벌써 '19쇄' 인쇄라고 적혀 있었다. 국내 아동 출판계 역사에서 생존작가 작품 최초로 100만 부 출판을 기록하였다고 한다. 2011년부터는 영화, 인형극, 연극으로 만들어졌고, 2011년 8월에는 100만 관객을 돌파하며 최종 220만 명의 관객을 동원하여 한국 60년 극장 애니메이션 역사상 관객 동원 1위에 오를 정도로 큰 인기를 끌었다. 2년 전에는 뮤지컬로도 만들어져 많은 어린이와 가족을 행복하게 해주었다.

이 작품은 지난 15여 년 동안 영국, 미국, 중국, 일본, 베트남, 독일 등 세계 30여 개국에도 번역, 소개되었다. 더 나아가 영국에서 '올해의 책'으로 선정되었고, 폴란드에서도 '2012년 올봄 최고의 책'이며 '2012년 최고의 아동 도서'로 꼽혔다. 감동적인 스토리를 가진 문학 작품 한 편이 여러 예술 장르에 걸쳐 만들어지면서 얼마나 큰 반향을 불러일으키는지 유감없이 보여준 예이다.

이 작품은 '잎싹'이라는 이름을 가진 암탉과 '초록머리'라는 이름의 청둥오리를 의인화하여 자유와 사랑, 용기, 희생을 가르치고 있다. 처음 이 책을 읽었을 때, 청둥오리 알을 품어 키운 암탉이 나중에 새끼오리가 자라서 그들의 무리와 함께 날아가기까지 그를 족제비로부터 지키기 위해 자신을 희생한 모성애와 희생적인 사랑, 애지중지 키웠던 청둥오리를 떠나보내는 고통과 아픔이 느껴져 가슴이 뭉클했던 기억이 난다.

책의 첫 부분은 양계장에서 알을 낳는 암탉이 간절한 한 가지 소망을 품는 이야기로 시작된다.

"잎싹은 알을 얻기 위해 기르는 암탉이다. 잎싹은 양계장에 들어온 뒤부터 알만 낳으며 일 년 넘게 살아왔다. 그는 돌아다니거나 날개를 푸덕거릴 수도 없었고, 알도 품을 수 없는 철망 속에서 나가본 일이 없었다. 그에게는 한 가지 소망이 있었다. '단 한 번

만이라도 알을 품을 수 있다면, 그래서 병아리의 탄생을 볼 수 있다면….' 알을 품어서 병아리의 탄생을 보는 이 소망을 한시도 잊은 적이 없었다. 그러나 알이 굴러 내려가도록 앞으로 기울어진 데다가 알과 암탉 사이가 가로막힌 철망 속에서는 어림없는 일이었다."

암탉은 스스로 '잎싹'이라는 이름을 붙인다. 이는 그가 양계장 문틈으로 바라보던 아카시아 잎사귀가 바람과 햇빛을 받아들이다가 나무 아래 떨어져 거름이 되고, 봄에는 연두색 잎사귀가 되어 꽃을 피우는 것을 보며 생각한 이름이었다. 바람과 햇빛을 한껏 받아들이고, 떨어진 뒤에는 썩어서 거름이 되는 '잎사귀', 그래서 결국 향기로운 꽃을 피워 내는 '잎사귀'라는 뜻을 가진 이름보다 더 좋은 이름은 세상에 또 없을 것이라고 믿었다.

그러던 어느 날, 잎싹은 알을 낳지 못하는 폐계가 되어 주인 부부에 의해 양계장 밖에 버려지게 되는데 이때 한 청둥오리의 도움으로 구덩이에서 나오게 된다. 그 후, 우연히 찔레 덤불 속에서 알을 발견하고 품어주게 되는데 이 알은 청둥오리의 새끼였다. 뽀얀 오리가 이 알을 낳은 후, 족제비에게 물려 죽게 된다. 아빠인 청둥오리는 잎싹이 알을 품어 새끼 청둥오리가 태어나기까지 족제비가 방해하지 않도록 밤마다 잎싹과 알을 지켜주다가 알이 깨어날 즈음, 끝내 족제비에게 희생되고 만다. 잎싹은 정성을 다하여 새끼 청둥오리를 키우며 밤마다 족제비를 피해 보금자리를 찾아 떠나는 고달픈 나그네 생활을 하여야 했지만 초록머리가 자라는 모습에 보람과 행복을 느낀다.

초록머리가 자라며 헤엄도 치고 날기 시작하였을 때부터 자신이 닭이 아니라 야생오리라는 정체성으로 고민하며 "어차피 나는 오리인걸. 꽥꽥거릴 수밖에 없어."라고 투덜거리자 잎싹은 다음과 같이 말해준다. "그게 뭐 어떠니? 서로 다르게 생겼어도 사랑할 수 있어. 내가 너를 얼마나 사랑하는데."

그래도 잎싹을 떠나 자신의 족속이라 여긴 집오리 떼를 따라 다시 마당으로 들어간 초록머리는 주인 여자에게 붙잡혀 양계장 기둥에 끈으로 묶인다. 잎싹이 주인 여자가 초록머리의 끈을 풀어 헛간으로 들이려는 순간, 잎싹은 초록머리가 빨리 도망가도록 주인 여자에게 덮친다. 초록머리가 다시 마당을 떠나 잎싹을 따라 나오자 잎싹은 초록머리에게 다음과 같이 말한다. "같은 족속이라고 모두 사랑하는 건 아니란다. 중요한 건 서로를 이해하는 것! 그게 바로 사랑이야."

이제 초록머리가 그의 족속을 따라 그들의 나라로 날아가도록 떠나보내야 한다는 것을 감지한 잎싹은 밤새 그의 발에 묶여있던 끈을 자신의 부리로 쪼아서 풀어준다. 초록머리가 잎싹에게 "엄마, 내가 떠나길 바래?" 물었을 때 잎싹은 고개를 끄덕이며 말해준다. "물론 가야지. 네 족속을 따라가서 다른 세상에 뭐가 있는지 봐야 하지 않겠니? 내가 만약 날 수 있다면 절대로 여기 머물지 않을 거다. 아가, 너를 못 보고 어떻게 살지 모르겠다만, 떠나는 게 좋아. 가서 파수꾼이 되렴. 아무도 너만큼 귀가 밝지 못할 거야." 이 말을 통해 참사랑이란 소유가 아니라 사랑하는 대상이 꿈을 펼쳐 날아가도록 자유를 주는 것, 그의 생명을 지켜주고 희생하는 것이라는 깨달음을 준다.

마침내 초록머리가 파수꾼이 되어 청둥오리 무리와 떼 지어 날아가는 것을 바라보던 잎싹은 자신이 그동안 한 번도 깨닫지 못하고 있던 다른 소망을 가지고 있었음을 깨닫는다. "한 가지 소망이 있었지. 알을 품어서 병아리의 탄생을 보는 것! 그걸 이루었어. 고달프게 살았지만 참 행복하기도 했어. 소망 때문에 오늘까지 살았던 거야. 이제는 날아가고 싶어. 나도 초록머리처럼 훨훨, 아주 멀리까지 가 보고 싶어!" "나, 미처 몰랐어! 날고 싶은 것, 그건 또 다른 소망이었구나." 그의 이름 '잎싹'처럼 청둥오리가 알에서 깨어나 자라서 파수꾼이 되어 자기 족속과 함께 먼 나라로 날아가기까지 거름이 되어준 잎싹의 모성애와 희생은 아카시아 향기처럼 진하게 가슴에 전해진다.

이 작품의 독일어 번역 책 제목은 〈Der Huhn, der vom Fliegen träumte: 날아가는 꿈을 꾼 암탉〉이다. 한국 작가의 동화가 독일어로 번역되어 독일 서점에 비치되어 있다는 것이 자랑스러워 지난겨울에 한 권을 샀다. 뒤표지에 작품에 대한 평이 짧게 독일어로 쓰여 있다. “꿈과 사랑, 삶을 스스로 개척해나가는 용기에 대하여 쓴 현대 동화이다. 마당을 뛰쳐나와 자유롭게 그의 자리를 찾아가는 용감한 암탉의 이야기는 깊은 감동과 오랜 울림을 준다.”

새해 어떤 간절한 한 가지 소망을 품고 마당으로 나갈까? 향기로운 꽃을 피우는 잎사귀가 되는 소망을 품어볼까 아니면 내 따듯한 보호와 사랑을 필요로 하는 알을 찾아 품어 병아리를 탄생시키는 꿈을 꾸어볼까? 혹은 나도 미처 모르고 있었던 또 다른 소망을 찾아 내 접힌 날개를 펴서 푸덕거리며 힘껏 멀리 나는 연습을 해볼까? 일상의 꿈 없는 철망 안에서의 안주하던 삶을 박차고 과감히 마당을 나와 새로운 꿈을 찾아 떠났던 잎싹의 용기와 도전 정신, 희망을 품고 정유년 닭의 해를 용감히 살아볼 일이다.

(교포신문 2017년 1월)

350년 동안 세상을 지배한 메디치 이야기

–≪사람의 마음을 얻는 법≫

유럽의 르네상스 문화를 꽃피게 한 메디치 가문 이야기는 탁월한 지도자, 예술가들에 대한 이야기로 넘친다. 이탈리아의 한적한 산골 마을의 농장주에서 출발한 메디치 가문은 16세기에 레오 10세와 클레멘스 7세, 두 명의 교황을 배출하였고, 프랑스 왕실에 두 명을 시집보내 왕실 가문이 되었다. 무엇보다 피렌체의 예술가와 학자를 아낌없이 후원하여 르네상스 시대를 열게 하였다. 마지막 자손이었던 안나 마리아 데 메디치는 가문의 모든 재산과 예술품을 피렌체 시민들에게 기증함으로써 오늘날까지 우리에게 르네상스 시대의 찬란한 예술 문화 작품들을 감상할 수 있는 행운을 안겨주었다.

가문의 창업자라고 할 수 있는 조반니 데 메디치가 1397년 피렌체에 메디치 은행을 설립하면서 본격적으로 출발한 이 가문은 15

세기에 전성기를 이루다가 1743년, 안나 마리아 데 메디치가 후손을 남기지 못하고 세상을 떠남으로써 문을 닫게 된다. 조반니 데 메디치는 은행업을 시작하면서 고객에 대해 신용과 의리를 철저히 지키는 정신을 지킨다. 이 신용 정신이 알려지면서 마침내 조반니의 숙원이었던 로마 교황청과 은행 거래를 시작하게 되고 메디치 가문은 피렌체의 중요한 정치적, 경제적 영향력을 끼치는 가문으로 성장한다. 조반니는 항상 대중의 편에 서서 일하고, 겸손하게 몸을 낮추는 자세로 옳은 일을 하도록 자손들에게 가르쳤다.

한 평범한 가문에 불과하던 메디치 가문이 약 350년 동안 도시 국가였던 피렌체를 지배하며 르네상스 문화의 주역들을 키워낸 비밀을 파헤친 이 책은 〈사람의 마음을 얻는 법〉(저자 김상근, 21세기 북스)라는 책 제목에서 나타나듯이 메디치 가문이 대중의 마음과 더불어 학자, 예술가들의 마음을 얻어 유럽의 가장 영향력 있는 가문이 될 수 있었다고 말한다.

열다섯 살의 미켈란젤로가 메디치 정원의 야외 조각학교에서 조각하던 모습을 지나가며 보았던 로렌초 데 메디치가 그를 양자로 삼아 르네상스를 대표하는 건축가, 화가, 조각가가 되기까지 후원한 이야기, 자신을 지원한 메디치 가문을 위하여 그린 〈비너스의 탄생〉 〈봄〉으로 유명한 보티첼리에 대한 이야기 등은 읽을 수록 흥미진진하다. 당시 지동설을 주장하였던 갈릴레이는 메디치가의 전속학자였다. '종합예술의 꽃'이라고 하는 오페라가 처음 탄생한 곳도 메디치 가문의 궁정이었다고 한다.

메디치 지도자들은 처음부터 뛰어난 인재를 데려다 후원한 것이 아니라 그들의 뛰어난 통찰력으로 가능성 있는 미래의 인재들을 발굴하여 아낌없이 지원하여 그들 속에 있는 재능을 꽃피우도록 영감을 불어 넣어주었다. 메디치 가문에 대한 짧은 소개 글이 다음과 같이 책 표지 날개에 실려 있다.

> 마키아벨리가 <군주론>을 헌정한 유럽 최고의 왕실 가문이자 미켈란젤로, 갈릴레이, 라파엘로 등 많은 예술가와 학자들을 후원해 르네상스를 꽃피운 세계 최고의 부자 가문, 세대를 넘어 하나의 시대정신이 된 메디치가 없었다면 오늘날의 역사는 지금과 달랐을 것이다. 최고의 인문 경영자 코시모부터 위대한 자 로렌초까지, 그 탁월함의 비밀을 만나보자!

이 책의 1부에서는 '생각의 빅뱅, 세상을 바꾸다'라는 제목으로 메디치 가문이 플라톤적인 감성과 직관을 중시하며 '메디치 효과'라고 불리는 생각의 융합을 통하여 창의적인 사고로 시대를 앞서간 예를 소개하고 있다. 2부에서는 '350년 메디치 가문의 위대한 지도자들'이라는 제목으로 조반니의 아들이며 최초의 인문 경영자였던 코시모 데 메디치(1389~1464), 관용의 리더십을 발휘했던 피에로 데 메디치(1416~1469), 탁월한 위기 경영, 위대한 자 로렌초(1449~1492), 밑바닥에서 최고가 되기까지, 레오 10세(1475~1521), 마키아벨리의 제자, 카테리나 데 메디치(1519~ 1589) 등 메디치 가문을 이끈 대표적인 지도자들을 소개하고 있다. 그리고 3부에서는 '메디치의 비밀, 가슴이 따르게 하라'는 제목으로 메디치 은행이 몰락한 이유와 '위대한 자'라고 불리었던 로렌초가 레오나르도 다빈치를 인정하지 않았던 이유, 불운을 딛고 당당하게 일어선 최초의 여성화가 아르테미시아 젠틸레스키, 21세기의 리더에게 남긴 마키아벨리의 교훈 등에 대해 기록하고 있다.

르네상스시대의 문화·종교를 연구하며 ≪르네상스 창조경영≫ ≪천재들의 도시 피렌체≫ 등을 저술한 저자는 "메디치라는 이름이 상징하는 탁월함의 추구, 통찰력, 단호함, 인적 네트워크, 예술에 대한 끝없는 관심과 후원, 인문학과 과학에 대한 경외는 르네상스라는 시대정신의 요람과 같은 역할을 했다."고 기록하였다. 그는 279쪽에 이르는 이 책의 내용을 다음과 같이 요약하고 있다.

"메디치 가문은 당대에 세계 최고의 부를 축적하고, 세상을 호령한 통치자들을 배출하였으며, 르네상스 시대를 개막시킴으로

써 가문의 위대함을 천하에 알렸다. 메디치 가문이 인류 문화사에 남을 이런 찬란한 업적을 낳게 된 것은 그들이 부자여서나 권력을 독점하고 있었기 때문이 아니다. 가문의 역사가 이어졌던 346년 동안 사람에 관심을 두고 그들의 마음을 얻기 위해 각별한 노력을 기울였기 때문이다. 메디치 가문이 사람의 마음을 얻었을 때, 사업은 번창했고, 예술은 극단의 미를 표현했으며, 이탈리아의 난세는 평정되었다. 사람의 마음을 얻는 자가 천하를 얻는다는 사실을 메디치 가문이 우리에게 보여주고 있다."

사람의 마음을 얻기 위해 메디치 가문은 한 번 맺은 인연을 소홀히 여기지 않고 신용과 의리를 매우 중요시하였으며 언제나 옳은 일을 하도록 하는 가문의 정신을 이어갔다. '사람의 마음을 얻는 자가 천하를 얻는다.'는 말은 사람의 마음을 얻는 것이 참 재산이고 자산이라는 말이라는 뜻이라고 생각한다. 특히 가까이 지내는 사람의 마음을 얻지 못할 때 그동안 쌓아 올린 모든 것을 잃게 되는 경우가 가정에서부터 직장, 나라 전체에 빈번히 일어남을 볼 수 있지 않은가!

메디치가의 지도자들이 탁월함을 추구해나갔을 때 오늘날까지 세계인들에게 감동을 안겨주는 르네상스 시대의 찬란한 예술 문화유산을 남기게 되었다. '지도자의 덕목은 탁월함의 추구에 있으며 이 탁월함은 세상의 어두움을 비추는 빛의 역할을 한다'고 피렌체의 문학가이며 당대 최고의 인문학자였던 마르첼로 아드리아니(Marcello Adriani)가 교황 레오 10세의 동생 줄리아노 데 메디치의 장례식 추도사에서 말하였다고 한다. '탁월함의 추구(비르투스 Virtus)'란 최상의 상태에 도달하려는 부단한 노력을 요구하며 한 시대의 정신을 이끌어갈 리더에게는 탁월함을 추구하는 것이 요구된다고 저자는 역설하고 있다.

신용과 의리, 겸손, 배려로 사람의 마음을 얻고 시대를 앞서가는 통찰력과 예술에 대한 관심과 예술가들에 대한 투자, 학문에 대한 경외심에서 나온 인문학과 과학 발전을 위한 후원 등 인재를 소중히 여기는 메디치 가문의 탁월한 리더십을 배울 때 유럽의 새로운 르네상스 시대를 열 수 있지 않을까?

(교포신문 2017년 8월)

이재운 장편소설 ≪김정호 대동여지도≫

"길은 희망이고 자유다"

책 표지에 적힌 이 문장은 매우 함축적이다.

'길이 있는 곳에 희망이 있다. 길이 있는 곳에 자유가 있다.'고 해석해본다.

길이 없는 곳에 절망이 도사리고 있다. 길이 막힌 곳에는 자유가 없다.

좋은 내비게이션이 장착된 차를 타면 어떤 낯선 곳도, 먼 길도 두려움 없이 찾아갈 수 있다. 목적지를 향해 달려갈 길을 선명한 표시로 안내해주기 때문이다. 내비게이션이 없던 시절, 자동차 여행을 떠나려면 도시나 나라마다 지도 책자를 챙겨야 했다. 운전석 옆에 앉은 사람이 큰 지도를 펼쳐 들고 길을 안내해주어야 했던 시절은 이제 역사 속으로 사라졌다. 우리나라 지도를 만드는 일에 평생을 바쳤던 고산자 김정호! 그는 우리나라 백성에게 길을 열어주기 위해 외로운 선각자의 길을 의연히 걸어갔던 우리의 자랑스러운 조상이다.

저자 이재운은 토정 이지함 선생의 이야기를 쓴 ≪토정비결≫로 널리 알려진 작가이다. 그가 지난해 출간한 장편소설 ≪김정호 대동여지도≫(2016년, 책이 있는 마을)은 김정호의 탄생부터 〈대동여지도〉를 완성하기까지 파란만장했던 일생을 다루고 있다. 조선시대 중인으로 태어나 벼슬을 할 수 없었던 김정호의 아버지는 부패한 나라에 대항하여 일어났던 홍경래의 의병군으로 지원한다. 그러나 전투 중에 빠져나갈 길을 찾지 못해 다른 전우들과 함께 전사한다. 부정확했던 지도를 보고 길을 잘못 들어 계곡 속에 갇혀버렸던 아버지와 의병군들의 전사를 애통히 여긴 김정호는 백성이 정확한 길을 알 수 있도록 정확한 지도를 만들어야겠다는 불타는 사명감을 갖는다. 가정을 이룬 후에도 그는 이 사명을 포기하지 않고 아내와 딸을 집에 남겨 두고 조선 땅을 두루 다니며 지도 만들기에 그의 평생을 바친다.

수년에 걸친 답사와 연구로 마침내 1834년(순조 34)에 조선 시대 한반도 지도인 〈청구도〉를 만들었다. 이 지도는 〈청구선표도(青邱線表圖)〉라고도 하는데 산천·군현 경계·도로·역·교량 등이 그려져 있고, 여백에 한성까지의 거리와 전투기록 등 중요한 역사적 사건까지 기록했다. 〈청구도〉는 기존 전국지도에 중요 역사지리 정보를 상세하게 수록한 독특한 지도였다. 그러나 김정호는 이에 만족하지 않고 더 정확하고 쉽게 읽을 수 있는 새 지도를 만들고자 또다시 어려운 가시밭길을 걸어서 마침내 1861년(철종 12년)에 〈대동여지도〉 목판본을 완성하였다.

20년이 넘는 세월에 걸쳐 김정호가 〈대동여지도〉를 만들었다는 소식을 듣고 달려온 그의 일생의 벗 최한기에게 그는 다음과 같이 말한다. "〈청구도〉는 처음 만든 지도라서 내 맘에 차지 않은 부분이 많았지. 〈청구도〉는 각 층을 폭이 70리가 되도록 구분하여 지도책의 한 판, 또는 한 면으로 하였잖은가. 〈대동여지도〉는 각 층이 이어져 있어 순서대로 맞추면 우리나라 전체의 지도가 완성되네." "축척은 어떻게 했는가"고 묻는 그에게 김정호는 "16만 분의 1로 했네. 그리고 나라 전체 땅의 모양을 북쪽 맨 끝에서부터 남쪽 끝까지 모두 22개로 구분하여 각 층을 책의 크기로 접어서 가지고 다니거나 보관하기 편리하도록 했네. … 이렇게 접는 책으로 된 대동여지도를 모두 펼쳐 우리나라 지도를 만들면 가로 19판(약 3미터), 세로 22층(약 7미터)이 되네…."

〈대동여지도〉는 이같이 가로 약 3m, 세로 약 7m에 이르는 우리나라에서 가장 큰 전국 지도이면서 보기 쉽고, 가지고 다니기 편하게 만들어진 지도였다. 최한기의 물음이 이어졌다. "… 지도에는 축척을 따로 표시하지 않았지만 10리마다 눈금을 표시하여 축척을 알 수 있군. 그런데 10리 거리가 일정하지 않은 걸?" 이에 김정호는 다음과 같이 말한다. "아, 그 이유는 똑같은 10리라고 해도 평지 거리가 산이나 언덕에서는 다르기 때문이지. 직선과 곡선은 차이가 나니까." 이 대답을 들어보면 그가 얼마나 세심하고 정확하게 지도를 만들었는지 알 수 있다.

김정호는 〈대동여지도〉 목판을 완성하고 나서 여러 부를 찍어 그를 도와준 친구들에게 선물하고 몇 부는 팔기도 하였다고 한다. 그런데 얼마 지나지 않아 다시 지도 작업을 시작해서 한 장짜리 전도 〈해좌전도〉를 만들었다. 이 지도에는 독도가 우리 영토로 표시되어 있어서 매우 귀중한 지도로 평가받고 있다. 김정호는 또한 그동안 전국 방방곡곡을 돌아다니면서 자신이 직접 보고 조사한 자료들을 바탕으로 ≪동국여지승람≫을 비롯한 여러 지리책을 보완하여 전문 지리지인 ≪대동지지≫를 1863년(철종 14년)에 펴냈다. 이 책은 우리나라 각 지방의 자연환경과 풍속, 인물, 생산품과 농사, 역사 등을 자세하게 적은 책으로 모두 32권 15책이나 되는 방대한 규모라고 한다.

김정호의 〈대동여지도〉와 지리지 책들로 우리나라 백성은 마침내 나라의 땅과 길을 알게 되고 사대사상을 극복하고 민족정신을 일깨우게 되었다. 책 뒤표지에는 〈대동여지도〉의 가치에 대해

'고산자 김정호, 우리 겨레의 참 길을 열다'라는 제목으로 다음과 같이 쓰여 있다.

〈대동여지도〉가 나오기 전 우리나라에는 백성이 볼 수 있는 지도가 없었다. 그래서 강이라면 황하강만 있는 줄 알고, 산이라면 태산, 화산, 숭산 등 중국의 5악만 읊조리고, 땅이라면 기주, 연주 등 중국 9주만 있는 줄 알았다. 소설이든 가사든 시조든 판소리든 중국의 산하를 읊은 문인은 많아도 조선의 산하를 읊은 사람은 거의 없었다. … 하지만 〈대동여지도〉 이후 비로소 우리는 우리 땅과 우리 사람에 관심을 갖고 우리 이야기, 우리 그림, 우리 음악을 하기 시작했다. 황하와 장강에서 눈을 돌려 한강, 낙동강, 금강, 영산강을 들여다보고, 태산과 천산에서 눈을 돌려 백두산과 지리산을 노래한 것이다. 조선 사람 김정호는 이 작품 〈대동여지도〉를 통해 오늘의 우리더러 '한국인은 한국인의 길을 알아야 한다.'고 일깨워준다.

이처럼 〈대동여지도〉는 '우리 민족정신을 일깨운 위대한 작품'이라는데 그 가치가 있다고 강조하면서 작가는 〈대동여지도〉는 '모화 사대사상을 떨치고 일어난 실학 정신의 꽃'이라고 비유하였다.

개인의 힘과 노력으로 땅을 답사하고 측량해야 했던 숱한 어려움, 지도를 만들어 나라의 기밀을 왜적에게 누설하려고 한다는 오해와 누명에 절망하고 좌절하기도 하였지만, 다시 일어나서 끝까지 전력투구하였던 김정호! 또한, 최선의 지도를 만들기 위해 사랑하는 가족과의 단란한 삶을 포기하고 또다시 길을 나섰던 그는 백성에게 밝히 길을 알려주기 위해 불굴의 의지와 불타는 사명감으로 길을 만들었던 선각자였다.

국제사회의 경고에도 불구하고 북한의 계속되는 핵 실험과 미사일 발사로 우왕좌왕하며 길을 알지 못하는 요즘, 우리나라 백성과 세계인들에게 앞으로 가야 할 길을 열어줄 사명감 있는 김정호와 같은 지도자들이 나타나길 바라는 마음이다. 길은 희망이고 자유다. 길이 있는 곳에 희망이 있고 길이 없는 곳에 절망이 도사리고 있다. 희망의 길, 자유의 길을 찾으러 오늘도 길을 나서야겠다.

(교포신문 2017년 9월)

에필로그

독일에서 30년 넘게 살았네요

어릴 때부터 언젠가 독일이라는 나라에 가고 싶다는 꿈을 가졌다. 독일 그림 형제가 쓴 동화책을 읽어서일까? 확실한 이유는 알 수 없지만 어릴 때부터 내 조그만 가슴에 그러한 꿈이 싹트고 있었다. 중학교 다닐 시절에는 특활반으로 문예반에 들어가 김소월 시도 배우고 교내 담벼락에 시화 액자를 걸어놓고 전시했던 시화전에서 '나는 맑고 맑은 하늘이 되고 싶어요'라는 시구가 들어간 시를 전시하기도 하였다. 고등학교에 들어가서도 처음에는 문예반에 들어가 백일장 대회도 참가하면서 수필을 써서 상을 받으며 문학에 대한 사랑을 키웠다. 고등학교 3학년 때에는 당시 대학입학시험을 준비하느라 생겼던 독일어 특활반에 들어가서 독일어를 배웠다. 그리고 대학 전공을 정할 때도 독어독문학과를 선택하였다.

내가 지원했던 대학은 당시에 전공학과별로 신입생을 모집하지 않고 인문사회 계열, 자연과학 계열 등 계열별로 신입생을 뽑은 후, 2년간 교양과목을 같이 배우다가 3학년으로 올라갈 때 자신의 적성에 맞는 전공을 정하도록 하였다. 그때 200여 명의 인문사회 계열 학생 중 대부분이 영문학과를 선택하였고 나머지가 불문학과나 사회학과 등을 지원하였는데 내가 선택한 독어독문학과는 모두 7명뿐이었다. 대학을 졸업한 후에 결혼하거나 직장을 구할 경우에 단연코 영문학과 출신이 기회나 인기가 많을 것을 예상하였기 때문이었을 것이다. 어머니도 내가 영문학을 선택하기를 원하셨고 권하셨다. 졸업 후에 좋은 혼처가 나오면 명문대학 영문학과를 나온 것이 유리하다고 생각하셨을 것이다.

그러나 어릴 때부터 독일에 가고자 하는 꿈을 키웠던 나는 독어독문학과가 아닌 다른 학과를 지원한다는 것은 상상하기 힘들었다. 어머니 권유를 직접 뿌리치기 힘들어 마침 대학에 부전공 제도가 생긴 터라 어머니에게 전공은 독문학, 부전공은 영문학으로 정하겠다고 타협책을 제안하며 마침내 독문학과를 졸업하고 대학원 2년 석사과정도 독문학 전공으로 마쳤다.

대학원 졸업 후 결혼하였고 3년 동안 직장생활을 하다가 1986년 9월에 내가 대학 2학년 때부터 다니던 대학생 성경읽기선교회 평신도 선교사로 독일에 왔다. 어릴 적 독일에 가고 싶다는 꿈이 그렇게 이루어졌다. 그리고 어느덧 독일에 온 지 31년이 지났다.

지금 내가 사는 마인츠에 온 지는 올 10월이면 30년이 된다. 독일에서 31년 이상 살았다는 것은 모국인 한국에서 태어나고 자라서 대학교육까지 받고 결혼하여 첫아기가 태어났던 27년간의 삶보다 더 오래 독일에서 살았다는 말이다. 인생의 길이를 만 90살로 볼 때 인생의 3분의 1 이상을 독일에서 보낸 셈이다. 그런데 모국에 사는 사랑하는 가족을 떠나 외국에서 살아온 삶을 나눌 수 있는 길은 글을 쓰고 남기는 일이라는 생각에서 글을 쓰기 시작하였고, 그동안 모아놓은 글을 묶어 책으로 엮게 되었다. 네 번째 수필집을 출간하도록 도와주신 모든 분께 감사드린다.